# たった一言で人生が変わるほめ言葉の魔法

原 邦雄

アスコム

言葉の力はすごい――。

この10年間、毎日そのことに
気づかされています。
人は、言葉に導かれて
生きています。

自分を変えたいと思ったら……
誰かを変えたいと思ったら……
もっと言葉の力を知ろう

それだけで、
あなたの人生は
大きく変わるのです。

# はじめに

　この本は**「ほめ言葉」を使って、人生を劇的に変える、人生に奇跡を起こす方法**を書いた本です。わたしはこれまで「ほめ言葉」のおかげで人生が大きく変わった人に、数多く出会ってきました。

　たとえば、

「8年も疎遠になっていた息子夫婦と和解した。もう、死ぬまで仲良くなれないと思っていたのに」

「不仲だった父親と、いまでは強い絆で結ばれている」

「関係が冷え切っていた夫が心をひらき、何でも相談し合えるようになった」

「反抗期だった中学2年生の娘が、最近、悩みを打ち明けてくれる」
「なまけものだった高校1年生の長男が、自分から宿題に取り組むようになった」
といった、**ほめ言葉が起こした奇跡に、わたしはこれまで何度も出会ってきました。**

**申し遅れました。この本の著者の原邦雄です。**

わたしの仕事は、夫婦、親子、友人、職場などの人間関係をよくするようなほめ言葉を教えることです。全国各地、ときには世界を飛び回って、**「ほめ言葉の大切さ」を50万人以上に伝えてきました。**

そして、どこに行っても、つねに予想を上回る反響をいただき、そのたびに感動を覚えます。

# たったひとつの言葉で人を変えることができる

もちろん、ただほめればいいというものではありません。相手の心を動かす技術があるのです。

たとえば、子どもがテストで100点を取ったとしましょう。

「100点を取って、えらいね」

こんなほめ言葉をかけたことはありませんか。でも、実はこれはよくない「ほめ」なのです。では、どう言えばいいのか。

「あのとき、テレビを見たいのをガマンしていたよね」

「いつもより早起きしてお勉強していたよね」

「お友達と遊びたいのを耐えてがんばっていたよね」

そうです。こう言えば、あなたの言葉は子どもの心にしっかり届きます。

そして、できるだけ具体的に、がんばったときのシーンが相手の心に浮かんで「あの時のことだ!!」とわかるくらい、日時を入れるなどして詳しく伝えてあげましょう。

大切なのは、**「結果」をほめるのではなく、「行動や努力」、そして「人間性」をほめる**、という点です。確かに、テストで100点を取るのはすごいことです。けれど、もしも次のテストの点数が80点だったらどうでしょう。同じように努力しても、いい成績のときもあれば、思ったほど点数が取れないときもあるはずです。

子どもの成績がよくないとき、ほめるに値しないのでしょうか。そんなことはありません。

努力をしたこと、一生懸命がんばったこと、その「過程」をほめてあげることが大事なのです。人生は小さながんばり、小さな決断の積み重ねでできています。素晴らしいのは「100点を取った」ことよりもむしろ、「100点を取るための行動を選んだ」ことにあるのです。その姿勢、子どもも大人も関係なく、きちんとほめるべきでしょう。

テストの点数だけをほめることは、子どもの価値をほんとうに認めたことにはなりません。どんな人でも人間性をほめられたいものです。

それは、外見や成績といった表面的なことではなく、ひたむきさや誠実さ、努力する姿勢といった、その人の本質を肯定することなのです。

ほめ言葉が、ほめられた人の人生をも変えてしまう理由。それは、ほめ言葉がその人の生き方、そして人間性を肯定するからなのです。

# あなたを変えるのも、あなた自身

ほめ言葉は、ほめられた人を変えるだけではありません。ほめた人自身をも変えてしまいます。

ここで、佐藤さんという男性のお話をしましょう。

佐藤さんは、かつて学校でいじめにあったり、家庭の事情でご両親と離れて暮らさなければならなかったりなど、不遇な幼少期を送りました。

その結果、佐藤さんの生活は荒れてしまいました。暴走族に入り、ギャンブルに明け暮れました。その後、佐藤さんは結婚してふたりの子どもに恵まれましたが、家族を大切にすることができず、離婚。

わたしが初めて会ったとき、佐藤さんは、まさに八方ふさがりの状況でした。同居する息子さんとの関係も冷え切ってしまい、ご両親とも仲たがいしていました。「変わりたい、今の状況から脱出したい」

その一心で、佐藤さんはわたしを訪ねてきたのです。


わたしは、佐藤さんに、普段のくらしのなかで気づいたさまざまな「ありがとう」をメッセージカードにしたためて、息子さんに渡すようにとアドバイスしました。

「洗濯物をたたんでくれてありがとう」

「お風呂をわかしてくれてありがとう」

佐藤さんは、それまで息子さんに感謝を伝えたことはありませんでした。佐藤さん自身、息子さんがしてくれることを当たり前のように感じていたのです。

いきなりカードなんて渡したら驚くだろうなと思いながらも、佐藤さんは勇気をふりしぼって、メッセージカードを差し出しました。

「は？　何これ」

息子さんにそう言われて、カードはゴミ箱行きになったそうです。


わたしは佐藤さんにこう伝えました。

「1回でうまくいかなくても続けてください。感謝の気持ちをカードに書いて、何度でも息子さんに渡してください」

「今までお父さんにほめられたことがなかったのですから、息子さんもどう反応したらよいのか、とまどっているのでは？」

2回目のメッセージカードを、息子さんは何も言わずに受け取りました。ちょっとは前進したのかな……そんなことを思いつつ、佐藤さんは3回目のカードを渡しました。

するとどうでしょう、佐藤さんのＬＩＮＥに、息子さんから「**親父、ごはんでも食**

**べに行こうよ！」** とメッセージが届いたのです。

ひさしぶりに親子で食事をしながら、息子さんは、

「親父がそんなふうに思ってくれていたなんて知らなかったよ。親父、ありがとう！」

と言ってくれました。それを聞いた佐藤さんは、涙がいつまでも止まらなかったそうです。


佐藤さんは息子さんを自然にほめることができるようになり、それとともに、親子関係がよい方向に変わっていきました。

そして、佐藤さん自身も息子さんからもらった感謝の言葉をきっかけに、自分の人生を肯定的に捉えられるようになったのです。

長らく断絶状態にあった佐藤さんのご両親との付き合いも再開し、今では家族の絆を取り戻しています。

# すべての人が「ほめ言葉」で満たされれば……

わたしは、佐藤さんの話を聞き、ほめ言葉がきっかけになって、まるで**魔法のように人生が変わるのだ**と、あらためて想いを強くしました。

ほめることは、ほめられた人を肯定するだけではありません。ほめた人自身の心も満たすのです。

自分のほめた人が、今度は自分をほめてくれる。こんなプラスの循環が自然に生まれます。ほめ言葉の魔法は人から人へと連鎖するのです。

人をほめるなんて、最初はちょっと恥ずかしいかもしれません。けれども、**ほめることは、相手の幸せや成長につながるだけでなく、あなた自身の人生にも幸せを呼び**

**こみます。**

これこそが、ほめ言葉の魔法なのです。

ほめ言葉は、家庭や地域、会社での人間関係をよくするだけにとどまらず、**社会全体を変えてしまう力すら秘めています。**

タクシーやバスに乗ったときのことを想像してみましょう。

バスの運転手さんが時間通りに運行をしてくれ、行き先に正確な時間で到着したとします。このとき、あなたが車を降りながら、運転手さんに「ありがとう」や「安全運転でしたね」などと、一言声をかけたら、どんなことが起きるでしょうか。

もし、運転手さんが、あなたのほめ言葉を聞いて、ちょっぴり幸せな気分になったとしたら？

たとえば、コンビニに買い物に行ったときにも、ほめ言葉はかけられます。商品をレジに持っていき、お会計をすませてお釣りをもらったら、一言「ありがとう」と言ってみたら、どんな反応が起きるでしょう。

店員さんは、ちょっぴり驚きながらも、ほほえみを返してくれるはずです。

あなたと出会った人が、少しだけでも「明日もがんばろう」という気持ちになったとしたら？

ほら、**世界が少しずつよくなっていくように感じられませんか。**


たった一言のほめ言葉から、小さな幸せが生まれます。そこから幸せの連鎖が始まるのです。あなたのほめ言葉が、まわりの人たちに次々とつながっていけば、世の中には笑顔がどんどん増えていくはずです。

**「人は、ほめられるために生まれてきた」**

わたしは本気で、そう思っています。

そして、自分や他人を「赦《ゆる》す」ことから「ほめ」は始まるのです。

この本では、ほめ言葉の魔法をたっぷり紹介したいと思います。

「あの人にはほめるところがない」
「ほめ言葉も見つからない」
「ほめたいけど気恥ずかしい」

ほめる側のそんな揺れる気持ちを受け止めながら、わたしは、まだ人をほめられずにいるあなたが、本当は人を大切に思っていることを知っています。

そんなあなたの、背中をそっと押してあげるのが、わたしの役割なのです。

自ら進んでほめ言葉をかけられるようになれば、まるで魔法をかけられたように、あなたの人生や、まわりの人が幸せスパイラルに入ることを、わたしは確信しています。

もくじ

# 第2章 相手に届くほめ言葉、届かないほめ言葉

## 第３章 誰でもほめ上手になれる 12の法則

## 第4章
# ほめて自分が幸せになる生き方

# 第1章

# ほめ言葉のすごい力

# たった一言の「ほめ言葉」でバラバラだった家族の心がひとつに

たった一言の「ほめ言葉」で人生が変わる。

簡単には信じられないことかもしれませんが、そのようなできごとがわたしの知り合いの家族でおきました。

それはどんなものだったと思いますか？

ふだんつかわないような、とっておきの言葉だったのでしょうか。

映画やドラマで俳優たちが言うような「キメ台詞」だったのでしょうか。

実は、そんな大げさなものではありませんでした。わたしたちの身近にあって、もしかしたらあなたもついさっき、口にしたかもしれない言葉でした。

「ありがとう」の一言。

これだけで、バラバラだったある家族がひとつになれたのです。


78歳になる高橋さんご夫婦には、ある悩みごとがありました。

それは、**自分たちと息子夫婦、娘の心がはなれてしまい、家族がバラバラになってしまったこと**でした。

きっかけは遺産相続でした。自分たちの将来のことを考えて、土地や家を2人の子どもたちのどちらに、どのように分けようかと家族会議をしたのですが、息子さんと娘さんの意見が真っ二つに割れてしまったのです。

娘さんは言います。「兄さんは家族がいるし、一緒に住んでいるマンションがあるじゃない。だから家と土地はわたしに譲ってよ」

しかし息子さんは首をたてに振りません。「ふざけるな！　自分が長男なんだから、全部を相続するのは当たり前だろ。それに一人で気楽に暮らしているおまえには、実家の家も土地も、広すぎる」

高橋さんご夫妻は、困り果ててしまいました。

子どもの頃はどこへ行くにも一緒で仲の良かった兄妹が、大人になってお金がからむとこんなにもみにくく争ってしまうなんて。

ご夫婦は心を痛め、何とか間に入って子どもたちの仲を取り持とうとしました。

しかし、ご夫婦が何か意見を言った途端に「どうして親父とおふくろは妹の肩ばかり持つんだ。昔からそうだ。あいつのほうが可愛いんだろ」「お父さんとお母さんは兄さんが長男だからって何でも優先して、わたしの気持ちを全然わかってくれない」と、取りつく島がありませんでした。

それどころか、だんだんとご夫婦と子どもたちの間までこじれてくる始末。

「どうして2人とも自分のことしか考えないんだ。お金のことばかりこだわって……。自分たちは育て方を間違ったんだろうか」

やがて高橋家は冷え切った関係になりました。以前は、お正月になると必ず顔を見せてくれた子どもや孫たちがパタリと立ち寄らなくなり、気をつかってメールをしても、返事すらこなくなってしまったのです。

そんな日々が何年も続くと、やがて高橋さんご夫妻は「もう私たちも年だし、子どもたちとの関係を元に戻せないまま、死んでしまうのだろうか」と考えるようになってしまいました。そんな関係は8年ほど続いたそうです。

しかしあるとき、突然、息子さんから2人の携帯電話にメールが届きました。

そこにはこんなメッセージが。

「元気にしてる？　長い間、連絡しなくてゴメン。寒くなってきたけど、風邪とかひいてないか？　もう年なんだし、昔みたいに思ってちゃダメだよ」

いきなりのことで、ご夫妻は顔を見合わせたそうです。

でも同時に、涙が出るほどうれしかったそうです。語り尽くせないほどのごたごたがあって、こじれにこじれた親子関係とはいえ、やはり本音では「仲よくしたい」という思いがあったのですから。

これをきっかけに、**高橋さん親子の関係は少しずつよくなっていきました。**

なぜ、高橋さんご夫妻の携帯電話に、息子さんから突然のメールがあったのでしょう。実を言うと、メールを送る少し前に、息子さんはわたしとある会合で出会っていたのです。

当時、息子さんは会社での人間関係や、ご近所の方々との人間関係に悩んでおられました。うまく付き合いたいけどできない。そんな悩みを持って、わたしに相談を持ちかけてきたのです。

わたしは息子さんに「ほめ言葉のかけ方」のアドバイスをしました。息子さんはそれを実践し、周囲との関係をだんだんよくしていき、同時に「ほめ言葉」の力を実感していきました。

「ほめ言葉」の凄さを知った息子さんは、もっと根深い悩みについても、わたしに打ち明けてくれました。先ほどお伝えした、両親との関係のことです。

わたしは「ぜひ、ご両親にもほめ言葉を伝えてあげてください」とすすめました。

「そうは言っても、もう8年も音信不通ですし。今さらやりづらいですよ」

「少しずつでもいいんですよ。あなたも妹さんもご両親も、ほんとうは仲よくしたいはず。最初はあいさつ程度でかまいませんから、少しだけ気づかいの言葉を入れて、気持ちを伝えてあげてください」

息子さんは思い切って両親に先ほどのメールを送りました。そして妹さんにも、同じように連絡をとってみたそうです。


このことをきっかけに、からまっていた糸がほどけるように、高橋家の心がひとつになっていきました。息子さんはそれからも、自分から積極的にメールを送りました。

「暑くなってきたね。おふくろはいつも夏になると夏バテになっていたね。今年も気をつけて」

「5才になったともくんがこの前、幼稚園のお遊戯会でこびとの役をやったよ。正直、王子役のほうが似合っていたと思う。これって、親バカかな(笑)?」

「むかし、親父にはよく近くのロックガーデンに連れて行ってもらってたよな。おふくろが作ったおにぎりとお茶を持って、途中の肉屋でコロッケを買って、お昼に食べたよな。今度、ともくんをそこに連れて行こうと思うんだ」

「家族で毎年行っていた○○温泉に、俺たち家族で行くことにしたよ。みんなで泊まったあの部屋を予約してみた。7歳のときに俺がつけた柱の傷、まだ残ってたりして(笑)」

「娘の七五三の写真が今日、写真屋から届いたよ。美人だな。嫁にやりたくないわ(笑)。今度、持って行ってもいい?」

……こんなメールでのやり取りが続いたある日、今度は高橋さんご夫妻に息子さんからの電話がかかってきました。

「今までいろいろあったけど、親父とおふくろには本当に感謝しているんだ。相続の件で、ひどいことを言ってごめん。あのときの俺はどうかしていた。今ではほんとうに親父とおふくろがいてくれてよかったと思ってる。生んでくれて、育ててくれてありがとう。今度の正月は、みんなでそっちに行くよ」

この電話を受けて、高橋さんご夫妻は人生で一番、心が満たされたそうです。これまで息子や娘から生んだこと、育てたことに感謝されたことなどなかったからです。

やがて娘さんからも「会いたい」との連絡が。子どもたちのほんとうの気持ちを知ることができて、これまでのごたごたをすっかり水に流そうと思ったそうです。

翌年の正月。高橋家は8年ぶりに顔をそろえました。高橋さんご夫妻、息子さんとその家族、娘さんが集まりました。それまで夫婦だけでさみしく感じていた家が、一気ににぎやかになったそうです。

ひさしぶりの家族団らんに、高橋さんご夫妻はこれまでに感じたことのない幸せをかみしめました。そして、相続のことも、みなでお互いのことを考えながら、納得いくかたちで落ち着いたのです。

**たった一言の「育ててくれてありがとう」をきっかけに、高橋家の止まっていた時間が再び動き始め**ました。それは**高橋さんご夫妻がもっとも聞きたかった言葉、子どもたちに言ってもらいたかった言葉**なのだと思います。

## 誰もが「認められること」に飢えている

わたしのセミナーでは、参加者のみなさんに、実際にほめたり、ほめられたりしていただきます。「ほめ言葉」の力を実感してもらうためです。すると、驚くべきことが起こります。

**なんと、ほめられた人が「泣く」のです。**

ほめられたぐらいで人が泣くなんて、と思われるかもしれませんが、ほんとうのことなのです。

専業主婦の渡辺さんの例を挙げてみます。

渡辺さんは、毎日毎日、一生懸命に家事をこなしています。朝食、夕食はもちろん、掃除、洗濯、お買いものなど、やることは日々たくさんあります。

何よりたいへんなのは子どもたちの世話。まだ小学校に上がる前の子もいて、なかなか手がかかります。けれど、夫からは感謝の言葉ひとつもらったことはありません。夫も仕事でたいへんだし、仕方ないと渡辺さんは考えていました。主婦とは、そんなものだと思いながら過ごしてきたのです。

そんななか、機会があって、渡辺さんはわたしのセミナーに参加しました。

最初のうち、渡辺さんは、

「別に、わたしは、ほめられるようなことは何もしていませんよ」

と、おっしゃっていました。しかし、よくよく聞いてみると、毎日、主婦としての仕事をきっちりこなしているではありませんか。

わたしは言いました。

「あなたのしていることは、当たり前のことではありませんよ。あなたが家事を引き受けているから、ご主人は安心して仕事に打ち込めるし、お子さんもすくすくと育っている。すごくがんばっているではありませんか。あなたは立派に家族を支えていらっしゃいます」

こう語りかけると、どうしたことでしょう、渡辺さんの目がみるみる潤んできて、一筋の涙が頬を伝ったのです。そして涙があふれて止まらなくなりました。

「あれ、どうしてわたしは泣いているんでしょう」

と、本人も不思議がっていました。

でも、わたしにはわかりませんでしたが、渡辺さんは自分でも気づいていませんでした**ほんとうは認められたかったのです。**

日々の家事と子そだては、骨が折れる仕事です。渡辺さんは、それが自分の役割だと思いつつも、夫には「やって当たり前」のようにみなされています。

彼女がどんなに子育てで神経をすり減らしても、夫はそれを知りもしないし、知ろうともしない。

**わたしのことを知ってほしい、「よくがんばったね」と抱きしめてほしい。**その願いが、一筋の涙の理由なのです。

セミナーでほめられて泣いた人は、渡辺さんだけではありません。けっしてレアケースではないのです。

誰かに認められることは、大人が思わず涙を流すほど心を揺さぶられ、感動するできごとなのです。

考えてもみてください。あなたは、ここ数日のうちに誰かにほめられたことがありますか。

もしあれば素敵だと思いますが、日々がんばっているのに、なかなか機会がないのではありませんか。だからこそ、たった一言のほめ言葉が心にしみるのでしょう。

わたしは毎回、多くの人の涙を目撃しています。普段、誰からも認められない切なさを抱えて生きている人がそれだけたくさんいるのだと思います。

とくに、日本は「ほめ言葉」をかけてもらえずに、つらい思いをしている人が多いように思います。

というのも、わたしは毎年、世界各地を旅しながら、いろいろな国の人たちと、教育などについて、じかに意見を交わしています。その経験から言えるのですが、**日本は世界のなかでも幸せ探しが苦手な国です。**

安全で便利、そして物質的には世界でも指折りの豊かな国なのに、人間関係では人のマイナス面にばかり焦点が当たり過ぎて、マイナスの言葉であふれ返っています。実はこれが日本人にとって、もっとも不幸なことではないかと思うのです。

わたしは、**ほめ言葉をかける文化を日本に根づかせたい**と思っています。

人のプラスの面に焦点を合わせれば、人々が前向きで明るく苦難を乗り越えることができます。そんな、力がみなぎる国になってほしいと願っています。

# ほめるときは3つの欲求を満たしなさい

なぜ、「ほめ言葉」が、認められることを求めている人の心に刺さるのでしょうか。

それは、その人を肯定する言葉だからです。

「あなたと一緒にいると楽しい」

「今日の夕飯、おいしかったよ」

「いつも子どもの面倒を見てくれてありがとう」

こんな言葉をかけてもらえたら、自分に自信が持てますよね。わたしは家族の役にたっているんだ。わたしは認められているんだと感じられます。

ほめ言葉は、居場所をつくる言葉でもあるのです。


わたしが大事にしているのが「自尊心の3大欲求」です。これはアメリカの心理学者ウィル・シュッツ博士が提唱したもので、「自己重要感」「自己有能感」「自己好感」という3つの欲求のことです。

**ほめ言葉によって、この3大欲求が満たされるのです。**わたしなりにひとつずつ分析してみましょう。

まず、自己重要感。これは「自分を大事な存在として認めてほしい」という欲求です。「ありがとう」と言われたときに満たされます。

次に、自己有能感。「的確な意思決定と行動ができるようになりたい」という欲求で、「すごいね」「成長したね」と言われたときに満たされます。

最後に、自己好感。こちらは「人に好かれたい」という欲求です。「好きだよ」「好感が持てる」などと言われたときに満たされるものです。

つまり、理想的なほめ言葉は、次のような言葉が自然にあふれ出てくることです。

**「ありがとう」**

**「すごいね」「成長したね」**

**「好き！」「好感が持てる」**

たとえば、「きちんとあいさつできていたね、すごいね！」と、ほめられた子どもは自尊心が満たされます。それだけではなく、もっと認められたい、好感を持たれたいと願うようになります。

「次はもっと大きな声であいさつをしてみよう」

「もう少し、きちんとした姿勢のほうがいいかな？」

「あの人にも、あいさつしてみよう」

このように、思考がどんどんプラスの方向に進んでいきます。

たった一言のほめ言葉だとしても、相手の自尊心を満たしてあげられれば、その人の心を動かすことができるのです。

## お世辞と「ほめ言葉」はまったくの別物

「**そのネクタイ、素敵ですね**」

このほめ言葉を、あなたはどう思いますか。

「別に、普通じゃないか」

そうお考えでしょうか。でも、わたしに言わせれば、**これはほめ言葉ではなく、お世辞です。**

先ほどもご説明しましたが、ほめるというのは、相手の人間性を肯定することです。

「ネクタイが素敵ですね」では、ネクタイのことしか話していませんよね。それに、たったこれだけの言葉をポンと言っても、「その場の思いつきで言ったんじゃないのか」と、逆に勘ぐられることすらあります。

お世辞は「おだてておけば、相手はいい気分になるだろう」という、相手を見下した心が背景にあります。それが見透かされるようでは、かえってその人との関係は悪くなってしまいます。

わたしだったら、こうほめます。

**「昨日と違うネクタイですね。何種類持っているんですか。いつも身だしなみに気を**

**使っているんですね**」

こんなふうに具体的にほめると、その人の人柄が見えてくると思いませんか。

素敵なネクタイをしている人は、常に相手からどう見られているのかを考えて行動しています。その人の心がけがネクタイの選び方にも表れているのです。

ほめられた相手は「お、やるな」と思い、わたしを見る目も違ってくるでしょう。

このように、一見なんでもない、**たったひとつのほめ言葉をきっかけに、人生がプラスへと動き出すものです。**

大切なのは、一言そえるほめ言葉です。どうすれば、こうしたほめ言葉がかけられるのでしょうか。

難しそうに思われるかもしれませんが、ご安心ください、誰にでもできます。そのポイントは、追ってご紹介します。

# 「ほめ言葉」4つのポイントと4つの効能

ほめ言葉には、人を成長させる効果があります。たとえば、子そだて中のお母さんなら、どんどん子どもをほめて自信を持たせてあげてください。自信を持てば持つほど、心の底からやる気がわいてきて、勉強はもちろん、スポーツなどいろんなことに対して積極的に取り組むようになります。ただし、何でもかんでもほめてはいけません。そこで、人を育てるためのほめ言葉について、覚えておきたい4つのポイントと、4つの効能をご説明します。

### ポイント1　存在を認めてあげる

ほめて、相手を育てるには、その人のかけがえのない長所を見つけ、伸ばしてあげることが大事です。その大前提となるのが「生まれてきただけで、そこに存在しているだけでまずはＯＫ」という考え方です。

なぜなら、人はほめられるために生まれてきたからです。

今はまだその人が、夢や希望、自分なりの意思を持てずにいたとしても、いずれ見つかるものです。あたたかく、長い目で見てあげてください。

### ポイント2　自分の翼で飛べるように育ててあげる

人間は似たような姿形をしていたとしても、中身はそれぞれ違います。

ほかの誰かに大きな翼があるからといって、自分の子も同じ翼を持っているとは限らないのです。

大切なのは、その子が持っている翼を見つけ、羽ばたいていけるように育ててあげること。時間がかかるかもしれません。ですが、その子が必ず飛べると信じ、ほめ言葉をかけてあげてください。

いずれ、自分の翼で飛べるようになります。

## ポイント3　根っこに水をあげる

お花を育てるときに、何も考えずにただお水をあげたときと、ちゃんと根っこに届くようにお水をあげたときでは、同じ花でも育ち具合は変わってきますよね。

それは人も同じです。

人には、その人しか持っていない長所があります。それを育てるために、「ほめ言葉」というお水を与えることが重要です。「こんなふうに育ってほしい」という愛情を込めながら水をあげ、見守ってあげてください。

葉の先端が、根の先端。根っこを知るためには、上を見ないといけません。

また水をあげすぎると腐ってしまう草木もあれば、水をあげないと枯れてしまう草木もあります。

つまり、相手を知らなければいけません。相手を知り、その人が一番育つ水の量やタイミングをはかり、水をあげてください。

## ポイント4　ほめっ放しにしない

ほめすぎると天狗になってしまうことがあります。ですから、ときには方向修正をしてあげましょう。

その人が、よくない方向へ進んでしまいそうだと思ったら、そのときは叱ってあげることも必要だと、覚えておいてください。

ただし、叱るときには「あなたの感情が乱れていないこと」「愛情を持って包みこんであげること」「成長の矢印を修正してあげるイメージを持つこと」が大切です。決してその人の芽を摘みとることではありません。

以上、4つのポイントを押さえると、次にご説明する4つの効能があらわれてきます。

### ✦ ココがすごい1　成長が予測を上回る

これは「ほめ言葉」で人を育てる、最大の魅力かもしれません。ほめられて、自信を持つようになると、ほんとうに人は驚くほどぐんぐん伸びるのです。

わたしだけでなく、これまで「ほめ言葉」を教えてきた、多くの人たちがこのことを実感しています。

### ✦ ココがすごい2　とびっきりの笑顔を見られる

人はほめられることで「自分はできる人間だったんだ」と気づきます。また周囲からも「この人はできる人なんだ」と認められるようになると、それまでとは違う、とびっきりの笑顔を浮かべるようになります。

行動もどんどん変わり、結果も変わってくるものです。好循環が生まれるのです。

### ココがすごい3　自分の気持ちを表現するようになる

日本人にとって、謙虚さは美徳。海外の人に比べ、あまり自分から進んで意見を言おうとはしない人が多いのです。これは決して悪いことではなく、私たちの国に根づいた素晴らしい文化のひとつです。

しかし、謙虚と遠慮は違います。「自主的な意見を言うこと」「自分の気持ちを言葉で表現すること」も、生きていくうえでは大切なのです。

「ほめ言葉」をかけられることで自信を持てるようになると、自分の気持ちを素直に表現できる人に育ちます。

### ココがすごい4　自分を律する

人にはかけがえのない長所がありますが、その一方で短所もあります。でも、それはあまり見たくないものですよね。自分でフタをしたり、見て見ぬフリをしたりして先延ばしにしたりします。

ほめ言葉をきっかけに、自分に自信が持てるようになると、人は自主的に改善しようとします。まわりからほめてもらわないと、行動できない状態から、自分を律して、短所を改善できるようになるのです。

## 脳科学でも証明された「ほめ言葉」の幸せ効果

ほめ言葉の魔法は、実は科学的にも証明されています。

生理学研究所の定藤規弘《さだとうのりひろ》教授が「**ほめられた人は、学んだことを忘れにくくなる**」**という研究成果を発表したのです。**テレビ朝日の「報道ステーション」でも紹介され、反響を呼びました。この番組には、わたしも登場しており、当時キャスターだった古舘伊知郎《ふるたちいちろう》さんも、「ほめ言葉」の効果に驚いていました。

それは、このような研究です。

定藤教授は、まず、右ききの成人男女48人を16人ずつ3つのグループに分け、左手でキーボードを速く、正確に入力するという試験を行いました。

1つめのグループ＝試験結果に関係なく、思いっきりほめる。
2つめのグループ＝他人がほめられている映像を見せる。
3つめのグループ＝自分の成績が示されたグラフを見せる。

翌日、この3つのグループに前日と同じ入力作業をしてもらいました。

すると、思いっきりほめられたグループは、ほかの2つのグループに比べて、明らかに多くの入力ができたというのです。

定藤教授は「**脳にとって、ほめられることは金銭的報酬にも匹敵する社会的報酬**」だともおっしゃっています。

ほめられると人は幸福を感じること、さらに、いわゆる「ほめると伸びる」ことが、最新科学でも証明されたのです。

また、近年、「**ほめられるとキレイになる**」ということも科学的に説明できるようになっています。

ほめられると元気になったり、気持ちが前向きになったりするのは、脳の「報酬系」と呼ばれる部位が活性化することによって起きる現象です。

この報酬系が活発になると、ストレスホルモンが減って、アクティブに動けるようになります。また、ほめられることによって、エストロゲンという女性ホルモンがたくさん分泌されるそうです。エストロゲンが多く分泌されると、肌にツヤが出てきます。

常に注目を浴び、ほめられている女性タレントがいきいきとして、美しさを発揮できるのも、周囲からのほめ言葉が作用しているのでしょう。

学習への目覚ましい効果、そして美への効果まで注目されているのです。

## 「ほめられて」育ったから一流になれた

著名な人物でも、ほめて育てられた人は数多くいます。

その代表格は、発明王トーマス・エジソンでしょう。子どもの頃、エジソンは落ちこぼれでした。落第して、8歳で退学になってしまったエジソンを、母親はほめ続けました。

エジソンは、ほかの科目の成績はひどかったのですが、理科だけは抜群にできました。母親は、そこに注目したのです。

「あなたは理科の天才。きっと素晴らしい人間になる」

こう言って、息子を励まし続けました。母の言葉を胸に、エジソンは、あきらめずにがんばり、やがて発明王にまでのぼりつめたのです。

日本にも、ほめて育てられた天才がいます。**元メジャーリーガーの松井秀喜さん**です。父親の昌雄さんはほめることの重要性をとてもよく理解していました。

昌雄さんによると、子どもを叱ることは大事ですが、**8割ほめて、2割叱る**ことが重要なのだそうです。叱る場合も、まずはほめることを探し、**ほめたあとで叱ると、心が開いているので素直に受け取り、子どもは伸びていく**とのこと。秀喜さんもそうやって育てられたのでしょう。

秀喜さんは、選手として一流なだけではありません。その人柄も讃えられています。

彼は、決して人の悪口を言わないそうです。「父との約束です」と秀喜さんは話していて、昌雄さんの教育がいかに素晴らしかったかがわかります。また、秀喜さんの愛読書は聖書とのこと。人々から賞賛される生き方の背景には、聖書の教えもあるのです。

昌雄さんは、秀喜さんがプロになってからも、はげましの手紙やファックスを送り続け、その数は約２００通にもなったそうです。

わたしが大好きな、**ピアニストの辻井伸行さん**もほめて育てられたひとりです。伸行さんは、20歳のときに「ヴァン・クライバーン国際ピアノコンクール」で優勝し、今や日本でもっともチケットの取れないピアニストといわれています。目が見えない伸行さんと二人三脚で歩いたのが、母親のいつ子さんです。

いつ子さんは、伸行さんがまだ幼い頃、彼の音楽の才能を見抜き、ピアノを習わせました。

いつ子さんが心がけたのは「**上から目線**」**で話をしない**ことでした。

「よくこんな難しい曲が弾けるね！」

「今の演奏には、すごく感動したよ！」

「今度はあの曲が聞きたいな、楽しみにしているね」

いつ子さんは伸行さんをほめ続けました。「**ほめて育てる」という意図ではなく、ただただわが子のファンでありたいという一心だった**そうです。

ハンディがあるにもかかわらず、伸行さんが世界的なピアニストに成長した背景には、いつ子さんの「ほめる」育て方があったのではないでしょうか。

ほめられて、一流になった人はまだいます。**宇宙飛行士の若田光一さん**もそのひとりです。

少年時代、光一さんは飛行機が大好きで、「パイロットになりたい」とずっと言っていたそうです。

もっとも、子どもの言うことはコロコロ変わります。お母さんのタカヨさんは、光一さんが何になりたいと言っても「がんばってね」とはげましたといいます。

もしも、頭ごなしに否定すれば、子どもはやる気をなくしてしまいます。

**「何をやるかは大きくなったら自分で選べばいい」**

と、タカヨさんは光一さんの好奇心旺盛なところを、ほめ続けました。

やがて光一さんは、航空機の技術者としてＪＡＬに入社。その後、宇宙飛行士に公募に応募して、複数回の宇宙飛行を経てアジア人初の国際宇宙ステーション（ＩＳＳ）の船長に選ばれました。

子どもの頃に描いた、大空への夢は、空の向こうにある宇宙で大きく花開いたのです。

# 反抗期の子どもにもほめ言葉は効果的

**世の中には、ほめにくい相手がいます。**そのひとりが「**反抗期の子ども**」です。思春期に入り、事あるごとに口答えをするようになると、わが子ながら憎たらしいと思うのも、無理もないことです。

わたしの友人で、思春期の子どもを持つ鈴木さんというお母さんがいます。キャリアウーマンでもある彼女は、バリバリ働いていましたが、家族のことも人一倍大切にしているつもりでした。

ところが、**娘さんが中学2年生になったあたりから、鈴木さんに激しい言葉を浴びせるようになりました。**

「ママは黙ってて！」

「もういいって。わかってるから！」

毎日こんな調子です。反抗期だから仕方ないとあきらめつつも、鈴木さんの胸はもやもやした思いでいっぱいになり、晴れることがありませんでした。


ある日、そんな鈴木さんから相談を受けました。鈴木さんの話を聞きながら、わたしが思ったのは、**「結論ばかりを伝えているな」**ということです。

鈴木さんは、人一倍、娘想いです。忙しい仕事の合間を縫って、娘の世話をしてきました。しかし、時間の余裕がないために、娘さんにかけていたのは、「指示」だったり、先回りした結論の言葉ばかりだったのです。

「明日は○○に行くから、○○を用意して」

「あれ、ママがやっておいたから、あなたは安心して」

これでは、娘さんは、**いつまでたっても母親は自分を認めてくれない、自分のこと**

**を信用してくれない、**という気持ちになってしまいます。

もちろん未成年ですから、親が面倒を見なければならないこともあります。けれども、そろそろ心理的にも自立したい年頃です。

あれをしろ、これをしろと言うだけではなく、できることは任せてみて、見守ってあげるのも大事でしょう。


そこで、わたしは鈴木さんに言いました。

まず、忙しい合間でもかまわないから、娘さんのことを見てあげること。そのとき、指導する親の立場から離れて、彼女の心に寄り添ってあげること。そして、**彼女のしたことを認め、ほめてあげてください、**と言いました。

鈴木さんは、あらためて娘さんを観察してみました。すると、いいところがたくさん見つかったのです。そして、**素直に娘さんのことをほめてみました。**

「宿題、自分からやるなんて偉いね」

「お友だちのことを考えてあげているのね。あなたはホント、素晴らしい」

これは、決して無理してひねり出したほめ言葉ではありません。「ほめる」という前提で娘さんを見たとき、鈴木さんの視点が変化したのです。**視点が変わったために、自然にほめるべきポイントが見つかった**のです。

やがて、娘さんからは以前とは違う言葉が聞かれるようになりました。

「ママ、これってどうしたらいいかな？」

「お願い！　相談に乗って」

そう、娘さんは先回りしたパーフェクトな回答を求めていたわけではなかったのです。

どんなに役に立ったとしても、自分を見ていない親から発せられた言葉は、子どもにとって冷たく、意味のない言葉に聞こえます。

鈴木さんは、ほめることを通して、「ちゃんと見ているよ。安心していいよ」という気持ちを娘さんに伝えられるようになりました。鈴木さんの自然なほめ言葉を、娘さんは素直に受け止めたのです。

「実は、わたしも子どもとの関係がうまくいっていない」と、ひそかに悩んでいるあなたも、まずは子どもをほめることから始めてみてはいかがでしょうか。

## ほめることは、居場所を作ること

ほめ言葉にも、相手からやる気を引き出すものと、やる気をそぐものがあります。たとえば「アメとムチ」のアメのようなほめ言葉の使い方は、相手のやる気をそいでしまいます。

ではどのようなほめ言葉が、相手にやる気をもたらしてくれるのでしょうか？

それは、「居場所を作ってあげるようなほめ言葉」をかけてあげることです。

「この分野はめっぽう得意だね。誰にも負けないいんじゃない⁉」

「君のこの営業は、みんなが見習うべきところだよ」

**その人の成長ぶり、その人しか持っていない長所、特長を言い切る。これが言われた人の居場所、安全地帯になります。**

失敗して何か落ち込むことがあったとしても、「ほめ言葉」が与えてくれた場所に戻ることで、人は安心感が持てます。「わたしもまだまだ捨てたものじゃない」と、自分に対するゆるぎない信頼を持つことができるのです。

「居場所がある」という安心感は、言葉だけではなく、行動でも与えることができます。

わたしは、あるラーメン店の経営者からたのまれて、店長さんやスタッフの方にほめ言葉の素晴らしさや、ほめ言葉をかけてあげることで人は成長するということを定期的にお話しさせていただいています。
先日、そのお店の店長さんのスタッフ思いの行動が、とても印象的で素晴らしかったのでみなさんにご紹介しましょう。

ある女性スタッフが、突然、接客スキルもやる気も急成長したことがありました。わたしは不思議に思って、何があったのか彼女に聞いてみました。彼女が変わったのは、大失敗の直後だったそうです。

**なぜ、失敗の直後にモチベーションが上がったのでしょうか。**

「ラーメンのスープをこぼしちゃって、めちゃくちゃ迷惑をかけてしまったんです。申し訳ない気持ちでいっぱいで、わたしはほかでもバイトをしているし、ここは辞めちゃおうと思いました。そしたら店長からメールが来たんです。『**よくあることやから、気にするな。明日、待ってんで**』。わたし、このメールを保存して、今でも大事にしているんですよ」

翌日、彼女が出勤すると、休みをとっているはずの店長が待っていました。

「あれ、店長、お休みじゃなかったんですか？」

「心配やったから。昨日メールしたやろ。『明日、待ってんで』って」

彼女は「**ああ、ここは安全地帯なんだ。わたしの居場所はここなんだ**」と思ったそうです。彼女が急成長をしたのも納得ですね。

居場所作りも単なるスキルやノウハウではありません。居場所を作ってあげる側に無償の愛がなければ、まったく意味をなさないのです。

# 第2章

# 相手に届くほめ言葉、届かないほめ言葉

# あなたは「相手の好きな食べ物」を知っていますか？

あなたはご近所の人の下の名前を知っていますか？

友人の好きな食べ物を知っていますか？　また、その理由を知っていますか？

さあ、みなさんはどうですか。ちゃんと答えられた人は少ないのではないでしょうか。きっとまったく答えられなくて、**身近にいる人のことを、意外に知らない**ことに驚いたのではないでしょうか。

では、ここで、逆の視点に立って考えてみましょう。

同じ職場の人があなたの下の名前を覚えてくれていたとしたら、意外なうれしさを覚えたりしませんか。

いつも飲んでいる缶コーヒーの銘柄を覚えてくれて、疲れ切っているときに「ほら、差し入れ」とスッと差し出されたら、「えっ、よく覚えていてくれたなぁ！」と思わず笑みがこぼれてしまうのでは。

相手の下の名前、好きなこと、好きな料理、最近うれしかったこと、悩んでいること……。

これらのことに思いをはせ、知ろうとするのは、ほめるためのプロセスとして実はとても重要なことなのです。**それは、その人を好きになろう、長所を見つけようとする行為そのもの**だからです。

相手の好きなものを知ることは、相手との距離をぐっと縮めてくれるだけではありません。他人と**同じ世界を共有することで、他人と自分が一体となれるのです。**

では、具体的にどうすればよいのでしょうか。私がおすすめしているのはとても簡単なこと。それは、**「1日10秒でいいから、ほめたい相手のことを思いうかべる」**ということです。大切なのは、相手のことを知ろうとする心です。

自分のことを見て、心配してくれる人がいる――。これはすごくうれしく、頼もしいことです。

女性であれば「髪形、変えたの？」「新しいネイル、かわいいね」と言葉をかけられるだけで「自分のことをちゃんと見てくれているんだ」と感じ、満たされた気持ちになります。

男性でも「表情が引き締まっているね」などと言われれば、悪い気はしないでしょう。

**ほめたい相手をちゃんと見ること。そして、「ちゃんと見ているよ、ちゃんと考えているよ」というサインを送ること**が、ほめる第一歩です。

でも、言うは易く行うは難し。それはわかるけど……。なかなか見るポイントを押さえるのが難しいという人もいるでしょう。そもそも、見ている余裕なんてないという人もいるのでは。そんな人は、ぜひとも「1日10秒」だけ、相手を思いうかべてみてください。

たとえば、ラブラブのカップルでなければ、相手が昨日、何色の服を着ていたのか、どんな髪型だったのか、まず覚えていないでしょう。

それは、視界には入っていたとしても、ただ見ているだけ。ちゃんと観察してなんかいないからです。

だから、たとえば長年連れ添っている夫婦で、もう相手の顔なんて見飽きたよという人でも、ちょっと注意して見るだけで、

「あれ、こんな表情するんだっけ?」

「この話に食いつくなんて意外! だけど、笑いのツボは変わってないなぁ」

「このクセ、お義母さんにそっくり!」

と、思うのです。

あなたも試してみてください。ずっと見知っていたはずの家族の新たな顔、忘れていた一面がどんどん出てきませんか。興味や関心がふくらんで、家族の素晴らしい面がクローズアップされるはずです。

相手の話を聞き、リアクションを返していくことで、会話のキャッチボールが思わぬ方向に弾んでいくことも……。

そして10秒だけでいいので、その人のことを思いうかべてください。特に、互いに慣れてしまった関係だと、なかなか相手のことを考える機会もないものです。

ここ数日でどんな、ほめるところがあったのか。

「そういえば、ゴミ出しを手伝ってくれていたな」

「夕食をおいしいといってくれたな」

もしも相手が夫なら、こうしたことを思い出すかもしれません。日々のささいなできごとでも、ほめるポイントはいろいろ見つかるのではないでしょうか。

さあ、ぜひ試してみてください。

## 主語が「自分」のままではほめられない

相手のことが少しずつわかってきたら、次は**相手の立場に立って考えてみましょう。これをわたしは「相手軸」と呼んでいます。**

イメージで言うと、心の軸を自分から相手に移すという感じでしょうか。難しく聞こえるでしょう。でも、こう考えると簡単に理解していただけると思います。

それは、**主語を「自分」から「相手」に変えるのです。**「自分がどうしたいか」、ではなく、「相手が何を考えているのか」「何が好きなのか」「どうしたいのか」です。

**ほめるときは、相手がほんとうに大切に思っていることを、自分も大切に思いながら**

**らほめることが重要です。**相手を思いやり、そのこだわりを「すごい」と思いながらほめれば、ほめ言葉の魔法はかかりやすくなります。

最近の人は、自分の大切にしていることは大事にするけれど、相手が大切にしていることについては関心を持っていない傾向にあることを、わたしは懸念しています。相手が大切にしていることが好きだとか嫌いだとかではなく、相手が大切にしているのなら、まず自分も大切にしなければならないのです。そこが、すべての始まりでなければなりません。

そのような気持ちを持てば、ほめ言葉の魔法は、よりいっそうかかりやすくなるでしょう。

そして、ほめ言葉をかけるときに、もうひとつ心がけたいことがあります。それは**「行動をほめる」**ということです。

もしも「優しい」と思える人がいたとして、何と言ってあげますか。

**「あなたは優しいね」**

あなたは、きっとこう答えるのではないでしょうか。これは、これで正解です。これだけでも、いい。

でも、もっと伝わる言い方があるのです。それは、具体的にほめるということです。

**「あなたの人を思いやる気持ちが優しいよね」**

この言い方だと、きっと相手はもっと喜ぶでしょう。「わたしのことを、しっかり見て、ちゃんと評価してくれている」と思ってくれるはずです。

そして、もっと心が伝わるほめ言葉が「行動をほめる」ということなのです。

たとえば、次のような言葉です。

**「さっき山田さんが怒られているとき、あなたは勇気を出して上司に本当のことを伝えていたよね。山田さんがまちがっていたのではなく、上司がカン違いしていたん**

**だ。まわりの人も、その通りだと思っていたはず。こうしてチーム力がついていくんだね」**

ここまで、伝えられたらベストでしょう。

誰にだって長所はありますし、ほめられたいと思っています。その長所を見つけられたら、何が、どう素晴らしいのか、伝えましょう。

「あなたは、こんなに素晴らしい人なのです」

その言葉に感動しない人はいないでしょう。行動をほめるということは、その行動に至るまでの相手の考え方や人間性を肯定することだからです。

そのためにも、普段から相手のことをよく見ましょう。そして、「この人には、こんないいところがあるんだな」と気づいていれば、いつでも素晴らしいほめ言葉で伝えることができます。

# やる気のない人がやる気を出した「行動ほめ」

「うちのスタッフは、ほめても、ほめても、ちっともがんばらないんです」

このように嘆く人によく会います。そんなときわたしは「ほんとうにその人を見ていますか。きちんと観察して行動をほめていますか」と、聞くようにしています。

ここで、昔、わたしがラーメン店の店長をしていた頃の話をしましょう。

スタッフは有能な人がそろっていましたが、モチベーションはいまいち高くなく、みな**「やる気」のない状態でした。みんなの心はバラバラで、売上もあまりよくありません。**

そんな店に、わたしは店長として異動してきたのです。「どうしようか」「このままではヤバいぞ」と悩みに悩みました。

そして、悩んだあげくに、ほめ言葉を伝えるミーティングを始めたのです。もちろん、今ほど知識はありませんから、試行錯誤でしたが。

まずは、ほめるために、店のスタッフのことを徹底的に「観察」し、何を大事にしているのかなど、細かく分析し、彼ら彼女らがどういった人間かを見極めました。注意深く観察していると、いろいろなことがわかってきます。

たとえば、不満をもらしているパートの主婦がいました。でも、よく観察すると、とても前向きな人でした。実は、お店についてさまざまな問題点に気づいて、なんとかしたいと思い悩んでいたのです。そこでわたしは、彼女の話に真剣に耳を傾け、ときには意見を取り入れるようにしたのです。もともと、お店への愛着心が高く、細かいチェックが得意なタイプだったので、たちまちお店のお母さん役になったのです。

そして、それと同時に他のスタッフの特によいところを徹底的にほめるようにしました。

「常連さんへの『いつもありがとうございます』の声のかけ方がすごくいいね」

「お客さんの目を見て、いつも笑顔でお釣りを渡しているのが素晴らしい！」

**行動のひとつひとつを見て、しっかりとほめる。**しっかり観察すれば、ほめるところはたくさん見つかりますから、いくらでもほめられます。

そして、ほめればほめるほど「見てくれている」という信頼感は高まっていきます。


こうして、行動や言動を具体的にほめていったところ、店の売上がぐんぐん上がっていきました。さらに驚きの結果が待っていました。

飲食店は、スタッフの入れ替わりが激しい業界です。わたしが店長になる以前は、次々に人が辞めていって、いつも人手不足でした。

ところが、わたしが店長になってからは辞める人はほとんど出なくなったのです。

それどころか、お客さんの数が右肩上がりに増えていったにもかかわらず、スタッフを増やさなくても店が回るようになりました。
スタッフがやる気を出し、店の雰囲気がよくなり、笑顔が絶えない職場に変わったからです。

**私は、あるスタッフの次の言葉が耳から離れません。**

**「忙しいのが楽しいんです」**

ほめ言葉ひとつで、職場の環境が変わり、人の働く姿勢まで変わります。
「行動をほめる」ことは、職場だけでなく、夫に家事を手伝ってほしいとき、子どもに勉強をしてほしいときなど、いろいろな場面で、人をやる気にさせてくれる魔法の言葉でもあるのです。

# 「これでもか」というくらい徹底的にほめて叱る

わたしのところには、お子さんの悩みを相談にくる人もいらっしゃいます。次の質問も、よく受けるものです。

**「うちの子が、まったく勉強をしません。それでもほめたほうがいいのでしょうか」**

言うことを聞かないのは、いけないことですから叱らなくてはダメです。ただ、叱るときに順番があります。それが大事なのです。

いきなり叱るのではなく、まずはほめましょう。そのあとに、叱るようにするといいでしょう。

つねに、相手を認め、ほめる。その気持ちが大切です。お互いに信頼できる関係がないと、届く言葉も届かなくなってしまいます。でも、いきなり叱ると、その関係が損なわれてしまいます。

ただ、ここだけは注意してください。**叱ることは悪いことではありません**。それは必要なことなのです。

相手への「愛情」がなければ、まったく意味をなしません。とくに、感情に任せて怒りをぶつけるなんて論外です。

信頼していない人から叱られて、反発してしまう経験、あなたにもきっとあるはずです。ところが、ほめて、そのあとに叱るという順番なら、受け入れやすくなるはずです。

ただし気をつけてほしいことがあります。中途半端にほめても、叱っても、相手の心に響かないということです。

ほめるときは徹底的に、叱るときも徹底的にしましょう。わたしは、それを「**ほめ**

**きる」「叱りきる」**と表現しています。

ほめるということは、掘り下げて言えば相手に共感する、つまり「相手軸」になることなのです。

ここで、かつてわたしが経験した「ほめきる」「叱りきる」をした例をお話ししましょう。

わたしは、ある回転寿司チェーンで、ほめて人を伸ばす方法について定期的にお話をさせていただいています。

そこの店長の太田さんは、非常に腕がいいことで有名な方でした。

しかし、飲食店における職人気質な方によくありがちなことで、自分の力を信じすぎて人のいうことを聞けないことがあり、太田さんもその例にもれませんでした。

また、彼は(これも飲食店経験者なら誰しもが味わったことがあるとは思いますが)ラッシュ時になるとイライラしてしまうことでも有名でした。

イライラして、お店のゴミ箱をけり飛ばすクセがあったのです。

もちろん、店の裏でやっていたのですが、お客様には届かなくてもスタッフのいるキッチンには届くため、ゴミ箱がけられる音が聞こえるたびに、スタッフはため息とともに沈んだ気持ちになっていたのです。

こんな人ですから、エリア統括店長も部長も、経営者ですらも、その扱いに困っていたのですが、実際に腕が非常にいいことから、抜本的な対策をとれずにいました。

そこで、わたしに出番が回ってきたのですが、太田さんも含め、上層部が集まった会議室で、わたしはその場にいる全員から疑いの目で見られていました。

「原は本当に太田さんをほめきり、叱りきることができるのか？」という感情が会議室に満ちていたのです。

当の太田さんは腕組みをし、わたしをにらみつけるようにして臨戦態勢のポーズ。

「さぁ、懐柔できるもんならしてみろ！」とその目はいっているようでした。

**わたしは、まずほめる＝共感するところから始めました。**

店長だけでなく、お店のスタッフがラッシュ時にイライラする理由は限られています。

それは、尽きることなくお客様が次々と来店することに対してではなく、自身のスキル不足や、シフトに穴があいてしまうこと、思い通りに回転しないメンバーやお店自体に対してなど、いうなれば「もっとお店をよくしたい」という強い想いによるものです。

「今日リーダーが休んでいなければ……」「このタイミングでラッシュがくるという予測を事前に立てられていれば……」「もっとうまいタイミングでお客様を案内していれば……」など、細かく言えばキリがありませんが、総じて個々の思い描く「理想のお店」とのズレから生まれてくるものです。

マザー・テレサは「愛の反対は憎しみではない、無関心だ」といったそうですが、本当にお店に無関心な店長であれば、たとえラッシュであろうとイライラせず、好き勝手に仕事をするでしょう。

太田さんも同じだと、わたしは考えました。

そして自分の店長時代の経験をもとに、彼の気持ちをくみ、共感した言葉を投げかけたのです。

「太田さんの気持ち、痛いほどわかりますよ。わたしもラーメン屋の店長時代はゴミ箱をけとばしていたことがありましたから」と。

ゴミ箱をけることについても（自分にも似たような経験があったので）その後のエピソードを交え、共感しました。

「わたしもよく買いに行っていたのでわかりますが、休憩時間に新しいゴミ箱を自腹で買いに行くの、大変ですよね」と。

彼はうなずいてくれました。

ただ、彼の腕はまだ組まれたままでした。

わたしもこれで終わったとは思っていませんでした。

次に叱らなければいけません。太田さんの行動を変えなくてはなりません。

このときわたしは、会議室の空気が変化していることを感じとっていました。

「もしや？」という期待と、「大丈夫か？」という疑いが混じりあっていました。

わたしはもう一言、太田さんにいいました。

「太田さん、もうゴミ箱をけるのはやめましょう」

あっけにとられたような空気が会議室に流れました。同時にあきらめに似たムードがただよいました。

「しょせん、こんなものか」と思われているのがわかりました。「原も口だけだな」という目がわたしに向けられているのもわかりました。

しかし、そんな視線を尻目に、わたしは続けたのです。

**「太田さん、もうゴミ箱をけるのはやめてください……一生」**

明日だけでもない。今週だけでもない。今月でも、半年でも、一年でもなく、太田さんが飲食業界にいる以上、金輪際ゴミ箱をけるのをやめてもらいたいと伝えました。

この業界にいたいと考えているであろう太田さんの覚悟を見せてもらうためです。

「もし、それができないなら、わたしは帰ります」といいました。

「この会社との契約は結構です」ともいいきりました。

「あなたを変えられないなら、わたしの存在価値は、この会社においてはないからです」とも伝えました。

実はこのとき、わたしは独立したばかりで何としても売上がほしかった時期でした。

しかし、わたしが覚悟を見せないかぎり、太田さんを説得することはできないと考え、こういう提案をしたのです。

その結果、どうなったのか？

太田さんは静かに腕をほどき、「わかりました、そうします」といってくれたのです。

今では同社の「にぎりコンテスト」で2年連続優勝するほどの人物となり、かつて会社のお荷物だった片りんはどこにも見られなくなっています。

この例からもわかるとおり、ただほめるだけ、ただ叱るだけではなく、相手の気持ちを動かすためには、**相手に深く共感するとともに、自分の覚悟を見せることが大切です。**

あなたも、どうか覚悟を決めて「ほめきり」「叱りきる」ことを実践してほしいのです。

# ほめ下手な人に共通する「残念なポイント2つ」

日本人は、人をほめるのが下手だとよくいわれています。わたしのまわりの人を見るかぎり、それは残念ながら、ほんとうのことのようです。

では、なぜ人をほめるのが下手なのでしょうか。いえ、そもそも、わたしたちはなぜ人をほめることができないのでしょうか。

わたしは、その理由を次の2点だと思っています。ひとつは「**ほめるポイントに気づかない**」ことです。

そして、こちらのほうが問題なのですが、ふたつめは「**ほめたくないと思っている**」ことです。

ひとつめの、ほめるポイントに気づかない理由は簡単です。先ほどご説明したように、**他の人のことをちゃんと見ていない**からです。

たとえば、奥さんの髪型が変わったことに気づかずに夫婦喧嘩になる、ってよく聞く話です。

ほんのちょっと奥さんを観察していれば……。ほんのちょっとほめるだけで、夫婦円満になるのに、そのチャンスを見逃しているのです。

ほめるポイントを見つけられない人は、観察力が低いので、気づかいなども苦手でしょう。きっと新しいことやおもしろいことを見つけることも苦手かもしれません。

でも、裏を返せば、ほめる力を身につけることができれば、気づかいがもっとできるようになるのです。アイデアなどを生み出す力も高めることができるわけです。

これも、ほめることが生み出す魔法のひとつなのです。

では、ほめることが下手な理由のふたつめ、「**ほめたくないと思っている**」とは、どういう人のことでしょうか。

そもそも、こういう思考になる人は、「ほめたあとに何があるのかがわからない」、「ほめても何も変わらない」と思っています。

だから、ほめても意味がない、効果がない、あるいは甘やかす結果となり逆効果だとすら考えているかもしれません。

このタイプの人は、そもそもほめられた経験がほとんどないのです。ほめて、ほめられてよかったと思えることが、今までの人生でなかったのでしょう。

こうした人にこそ、「ほめ言葉の魔法」を実感してほしいのです。

# 妻や恋人に「きれいだね」だけでは物足りない

わたしは、いろいろな機会、いろいろな場所で、「ほめ言葉の魔法」について話をしています。その際、必ずと言っていいほどぶつけられるコメントがあります。

「ほめる？　どうせ、奥さんに『きれいだね』と言っておけば家庭円満、というやつでしょう？」

ほめ言葉を、単なるお世辞やおべんちゃらと勘違いしているのです。もちろん、これは大いなる誤解。そもそも、奥さんや彼女に「きれいだね」だけでは物足りないのです。

確かに、時と場合によっては、「きれいだね」と言うこともあるでしょう。ただ、決して上手なほめ言葉とはいえません。

では、どう言えばいいのか。そうです、ほめるときは、もう一言そえてほめるのです。たとえば、次のように言うとよいでしょう。

「かわいいね、その服似合うよ」

「毎日、いきいきしているね」

「最近、やせてきれいになったね」

こうした言葉は、毎日、ちゃんと観察していないと言えないものです。ほめられた側も「自分のことを、とても気にしてくれている、関心を持ってもらっている」と感じ、満ち足りた気持ちになるはずです。

では、ここでさらにもう一歩進んでみましょう。相手のふるまいや内面をほめるのです。それができればベストです。

「一緒にいると楽しいよ」

「今日のごはんすごく美味しいね」

「君と結婚してよかった」

ふるまいをほめることは、相手の人間性をほめることにつながるため、愛情や〝好き〟という感情が伝わり、心が満たされるのです。

## 「嫌だな」と思う人ほどほめなさい

誰にでも、なぜか性格が合わない人はいるものです。「どうしてもこの人だけは無理。ほめることなんかできない！」ということもあるでしょう。

しかし隣近所の人やクラスメイト、ママ友などのコミュニティ、職場の人など、毎日のように顔を合わせる人だと、避けてばかりというわけにはいきません。

**そんな人にこそ、「ほめ言葉」を使って、あなたにとってプラスになる関係を築いてほしい、**とわたしは思っています。

何より、誰かのことを嫌だと思いながら過ごす時間は苦痛ですよね。嫌な人がいるからと、やりたいことを我慢したりするのはストレスもたまります。いいことなんかないはずです。

とはいえ、嫌な人をほめるのは簡単なことではありません。**わたしも、かつて「この人だけはほめるのは絶対に無理かも……」と思った人がいました。**ですので、その気持ちはとてもよくわかります。

あれは、わたしが大学生の時にアルバイトリーダーをしていた頃のことです。

当時、一緒に働いていたアルバイトに18歳の女の子がいました。彼女はどちらかといえばおとなしくて、作業の動きもゆっくりで、言葉は悪いですが、あまりやる気があるとは言えないアルバイトに見える子でした。

思春期ならではの甘えかも、と思って最初は接していましたが、励ましたり叱ったりしても一向に響かず、親身になってみてもまったく効果が見られませんでした。

さすがにわたしもだんだん嫌になってきて、「これはあかんわ」とさじを投げそうになりました。

そんな矢先、彼女と仕事のあとで、少し話をする機会がありました。

すると不思議なもので、いつもはおとなしい彼女が、自分の話となると明るく、早口で話し始めるのです。働いているときのやる気がなさそうな雰囲気はどこへやら。わたしは思わず心の中で「そのやる気を仕事中にも出せよ！」と突っ込んでしまいました。

そして、まずは、先に書いた「**相手軸**」**で想像力を働かせてみたらどうか**、と考えました。相手の気持ちになって、彼女の生い立ちに思いをはせて、想像してみることにしたのです。

まず、彼女は、どんなご両親に育てられたんだろうか。必要なときに愛を受けずに育ったのかもしれない。学校の先生はどうだったか。いつもこんな態度だったら、友達からも突き放されていたのかもしれない——。

もしそうなら、バイト先でも見放されたら、彼女は終わりじゃないか、と考えたのです。

もうひとつ、**彼女の普段の様子も観察するようにしました。**

塾の話をしたことがあったから、案外、勉強は好きだったのかもしれない。やる気や向上心はもともと持っているのかもしれないな。そういえば、この前お年寄りには優しい視線を向けて、ちゃんと対応していた。彼女、おじいちゃん子、おばあちゃん子だったのかも——。

**そういう目で見ると、彼女の言動の端々に、彼女なりに苦労した人生が浮かび上がってきたのです。**

やがて、高校生のときにいじめられていたこと、ファッションをからかわれたりしたこと、母子家庭で育ったこと、そしてバイトでお金をためて専門学校に行きたいという夢があることが分かってきました。こうして話を聞いていくうちに、少しずつですが、ほんとうに少しずつですが、彼女も心を開いてくれるようになったのです。

勤務態度もだんだんよくなってきます。そうすると、彼女をほめる機会はいくらでも増えていきます。

そして、**彼女にほめ言葉をかけていくうち、笑顔を見せる場面も増えていったのです。**

ほめるところが見つからない場合は、相手の痛みに共感するところからはじめるのです。好き・嫌いで人を見るのではなく、感情をいったんニュートラルにして、共感してみましょう。

# なぜ、道案内がうまい人はほめ上手なのか？

「ほめ言葉」では**相手軸に立って考えることが大切だ**と、ここまでお話ししてきました。しかし、言葉で言うのは簡単ですが、できている人はなかなかいないのでは、ないでしょうか。

そこで、ここでは、わかりやすい例を挙げて説明をしてみます。

あなたは、**電話で道案内をするとき、どのように案内していますか。そのやり方で、あなたがほめ上手か、ほめ下手かがわかります。**

「駅を出たらコンビニがあるから、３番目の角を右に曲がって、次に……」

そういう説明をする人は多いと思います。果たして、これは、わかりやすい道案内だといえるでしょうか。

答えは、「ノー」です。

一見、理路整然としているように見えます。しかし、致命的な欠点があるのです。この案内は「自分軸」なのです。

ほめ言葉で大切なこと、それは「相手軸」であること。相手が、今どこにいるのか、どこに向かっているのかというベクトルがわかっていなければ、いくら丁寧に説明しても伝わりません。

ついつい、わたしたちは自分軸でものごとを見てしまうものです。でも、これは、ほめ上手ではない人が陥りがちな失敗なのです。

一方、ほめ上手な人は、他の人の目線、つまり「相手軸」に立ってものごとを見て、説明ができます。だから、

「目の前に何が見えている？　そう、その○○商店を先に行くと○○町交差点がある

でしょう？　じゃあ、そこを右に曲がって……」

といったように、**相手の目線（軸）を想像し、その目線のまま誘導ができます。**

日常のささいなことでも、相手軸になれるか、なれないかで印象が変わります。

**相手軸に立てるようになれば、もうほめ上手になったも同然でしょう。**

# 第3章

# 誰でもほめ上手になれる12の法則

## 徹底的に相手の気持ちがわかる「視点移動」とは？

「相手の気持ちになって考える」

人間関係をよくするコツとして、一般的に広くいわれています。もちろん、わたしもその通りだと思っています。そのための「相手軸」という考え方は、すでにご説明しました。

相手の気持ちに共感できてはじめて、相手の心を感動させるほめ言葉がいえるのですから。

ただ、**相手軸になるといっても、実は意外に難しいものです。**

どうしても、人間は自分中心に物事を考えがち。「相手はきっとこう思っているだろう」と考えてみても、外れてしまうこともしばしばあります。

それは、当たり前のことです。なぜなら、自分の目線で相手の気持ちを推測しても、限界があるからです。

では、ほんとうの意味で相手軸に立つには、どうしたらいいのでしょうか。

**わたしがおすすめしているのは「小人《こびと》」になることです。**

聞き慣れない言葉なので、「どういうこと？」と思われたでしょう。それほど難しいことではありませんので、イメージをしてみてください。

まずは、自分がぐんと小さく、手のひらサイズになった姿を考えてください。そして、共感したいと思っている相手の体の中に、耳の穴でも、口からでも、どこからでもいいから、ポンと入ってしまう自分を想像してください。

相手の中にいる自分をイメージできたら、相手の目を通じて世界を見てみましょう。それくらい、思い切って相手と一体化することを想像できれば、リアルに相手の目線に立てます。

**わたしは、この考え方を「視点移動」とよんでいます。**

では、相手の目線で、その人の一日を振り返ってみましょう。たとえば、あなたがお姑さんだとして、嫁姑の関係がいまひとつうまくいっていないとしたら、ぐんと自分の体を縮めて「小人《こびと》」になってお嫁さんの中に入ります。

お嫁さんの目線で、普段の暮らしを、そして自分自身を見たら、何が見えますか。

もしも、あなたが小さな孫の顔を見たい一心で、アポも入れずに、しょっちゅうお嫁さんの元を訪ねていたとしたら。悪いことではありませんが、あまりに頻繁になるとどうでしょうか。

お嫁さんの目線で考えれば、子育ては戦争のようだし、家事もたいへんであれもこれもやらなければいけない。

そんなときに、アポなしでしょっちゅう訪ねてこられたら「また来たの……」ということになります。

お嫁さんの目線で、自分自身の姿を見てください。

「そりゃ、あなたは孫がかわいくて、孫と遊んでいればいいでしょうけど、面倒を見るのはわたしなのよ」

と自分に対して言いたくなってしまいませんか。

もちろん、あなただって、普通に考えてお嫁さんがたいへんなことくらいわかってはいるでしょう。けれど、「視点移動」までしてみると、

「あれ？　まだ洗濯も終わってない。そんな最中にお姑さんが来たら迷惑だけど、無下にもできないし……」

こんなふうに思ってしまうお嫁さんの気持ち、より深く理解できるのではないでしょうか。

「視点移動」で、お嫁さんの気持ちに共感できたら、

「24時間、子育てで気が張っているでしょう。ほんとうにたいへんね」
「わたしも子育ての経験があるからわかるけど、子どものあやし方がとても上手ね。あなたはよくがんばっている」と一声かけてあげてみては、いかがでしょうか。

**自分の気持ちを分かってくれたお嫁さんは、きっとあなたへの信頼感を増すでしょう。**

そのうえで、「今度から行くときは、事前に連絡するね」と言ってもいいし、さらに、行く途中でオムツを買ってあげたり、家事を手伝うなどすれば、より心が通じ合えるのではないでしょうか。

**人の気持ちになりたければ、自分が「小人《こびと》」になって、相手の中に入るくらいの気持ちで「視点移動」してみてください。**

# まずは「アイコンタクト」だけでいい

相手との関係が悪化していて、

「ほめるどころじゃない、会話もろくにないし、目を合わせることもないよ」

という経験、あなたにもありませんか。

たとえば、夫婦喧嘩。いったんこじれると、なかなかやっかいです。どうすれば仲直りできるのか、悩んでいる人はとても多いでしょう。

正直に言いますと、わたしも妻と夫婦喧嘩が絶えない時期がありました。仲よくしようとして空回りする、その繰り返しで、手痛い失敗をしてきた、そんな苦い過去があります。

何かのきっかけで、相手と気まずい状態になっていたりすると、ほめるなんてとても無理。それ以前に、声すらもかけづらくなっているでしょう。

勇気を振り絞ってほめ言葉をかけても「はあ？　何、言ってんの（怒）」という言葉が返ってくるのがオチです。

でも、そんな状況でも、「ほめる」ことはできるのです。どうやればいいのでしょうか。

それは、**アイコンタクトの交換**です。

ある研究によると、良好な状態ならば、会話している時間の約6割は相手の目を見ているそうです。それほど、アイコンタクトには、相手への関心や愛情を伝える役割があるのです。

家族と仲が悪くなったとき、家の中で視線も交わさず、朝起きてもむっつり押し黙ったままということがありませんか。

もし、あなたが仲直りしたいと思うのなら、**まずは軽く目線を合わせてみましょう。それだけでいいのです。**

すぐに視線が交わらなくても構いません。目線を向け続けていけば、相手にこちらの気持ちが伝わっていきます。やがて声をかけやすい環境ができてくるでしょう。自然に「おはよう」という言葉も出てくるでしょう。

そうすれば、もう大丈夫。あとはいろいろな言葉が、ぽろぽろっと出てきます。

「行ってきます」

「ただいま」

「おやすみ」

何気ない、ごくさりげない言葉が氷を溶かすように、距離を少しずつ縮めてくれます。

ハードルが低いアクション、言葉かけだから、続けるのも簡単ですよね。

「いきなりほめてきたりして、裏では何を考えているの？」などと勘ぐられることもありません。

ただし、どんなほめ言葉でもそうですが、単発に終わっては意味がありません。**少しずつでいいので、続けることがコツです。**

「ほめ言葉」が習慣化されれば、家庭の中には自然と言葉がかけやすい環境が作られていきます。

## 人をその気にさせる「ほめプラスα」

あなたのお子さんが、テストでなかなかいい点を取れなかったとします。普通なら叱るところでしょう。

けれども、**少しでも努力の跡が見て取れたら、きちんとほめてください。**

机につくことすらしなかった子どもが、まずは机について10分でも勉強をしたのであれば、それは立派な進歩です。まず、そのことをほめてください。

「よくがんばった、その調子。今回はうまくいかなかったけど、その調子でがんばれば必ず次は結果が出るよ」

子どものことを、こうほめてあげれば、次もがんばろうという気持ちになります。すぐに結果につながらなかったとしても、少なくとも、**その子は、がんばることに喜びを感じるでしょう。**

ただし、いい点をとれない子は、勉強をしていないのですから、改善しなくてはなりません。もしも、スマホのゲームばかりに夢中になっているとしたら、まずはゲームを継続していることや、ステージをクリアしていることを認め、ほめてみてはいかがでしょう。その力を勉強にも生かすようにうながすのです。いきなりではなく、少しずつステップをふんで、勉強しやすい環境をつくってあげましょう。

誰しも、**先が見えないことに対しては、すごく不安を感じてしまう**ものです。

たとえば、あなたが登山をしたとします。はじめての山で、どれくらい歩けば頂上に着くかわからないと、歩くペースや休憩のタイミングがつかみにくいですよね。

でも「今は五合目」「次は八合目」ということがわかれば、「ここまで登って休憩しよう」「ここは、ちょっとがんばって行こう」というペース配分ができ、山頂まで何とか登っていけます。

「自分が何をがんばったらいいのか」

「何をしたらほめられ、何をしたら叱られるのか」

「今の自分がどこにいて、どのぐらい成長してきたのか」

**これらのハードルを小刻みに、そして適切に設けて、ほめてあげましょう。**単発でほめるよりも、こうして継続的にいろいろな角度からほめてあげたほうが、より成長が期待できるのです。

たとえば、習いごとをしているのであれば、その先生からほめ言葉をかけてもらうようにするとか、お友達のお母さんからほめてもらうようにすれば効果的です。

わたしは、みなさんに**「1日1ほめ」を推奨しています。「継続は力なり」といいますが、ほめることにも当てはまる**からです。

たった一言でもかまいません。LINEのスタンプひとつでもいいです。ぜひ、続けることを意識してください。

お互いにほめることに慣れっこになったら、あえて意識して言葉を変えてほめてみてください。もちろん「何て素晴らしいの！」「拍手！」などのように、仰々しい言葉は必要ありません。

「よくやったね！」「やるじゃん」「ほう」といった一言でいいのです。こまめに回数を重ねましょう。

うわべのほめ言葉、無理やりのほめ言葉ではなく、ほんとうにほめられるべきことを、たとえ**小さくてもいいから積み重ねてもらいたい。それがほめられる人の気持ちなのです。**

## 「ほめる」の反対は、「叱る」ではなく「比較」

「ほめる」の反対語をご存じですか。それは「比較」です。

「『叱る』や『責める』ではないの?」

あなたは、きっとそう思うかもしれません。けれども、実は「比べること」なんです。

わたしは人をほめる際に「その人の長所をほめる」「本人なりの努力を見つけ出してほめる」ことをすごく大切にしています。それとまったく逆のアプローチが「比較」することなのです。

**比べるということは、優劣をつけるということ**。つまり、Aさんがすごいなら、それに及ばないBさんはすごくない。そうなります。

けれど、Aさんもがんばっていて、Bさんもがんばっている。ふたりともがんばっているのですから、優劣をつける必要などあるのでしょうか。

それでもわたしたちは、ふたりを比較して、どちらかが優れていて、どちらかが劣っていると比べてしまいます。人は、なぜか**「学歴」「年収」といったフィルターにかけて「比較」してしまう**のです。

比較するということは、人をある特定のものさしで測るということ。学歴で測れば、偏差値の高い大学に入った人は優れていて、それ以外の人は優れていない、ということになります。

でも、そんなことがあるはずがありません。努力して勉強していい大学に入ったことは立派ですが、それは人間の持つ一側面に過ぎません。

**あなたが、この人には絶対によいところがあるという「いい先入観」で相手を見れば、その人のさまざまなよいところが見つかるようになります。**

だからわたしは、「比較する」ことをやめて、その人の長所を尊重し、向き合っていくことが大切だと訴えているのです。

たとえば、家事をまったく手伝ってくれない夫がいたとします。

あなたは、友人の夫と比較して、

「田中さんの旦那さんは休みの日は家族に手料理をふるまうのに、うちの旦那は休日になるとゴロゴロして……」

と腹を立てるかもしれません。気持ちはわかります。ただ、そのときあなたの目は、「家庭のことに積極的に参加するのがいい夫」というフィルターがかかっています。

そのフィルターをいったん外して夫をあらためて見てください。確かに、家事を手伝わないという一点では、いい夫ではないのかもしれません。

でも、「いつも冗談を言って家庭を明るくしてくれる」という側面があるかもしれません。

だとしたら、悪い点ばかりを見るより、長所に感謝すれば、夫との関係性もよくなります。「たまには、家事を手伝ってよ」という一言も、ギスギスせずに言えるようになります。家事を手伝ってもらえる可能性もぐんと上がるかもしれません。

たとえばわが子が、かけっこが得意だとします。でも、クラスや学校でもっと速く走れる子がいるかもしれません。クラスや学校で1番でないかもしれません。それでも、素直にほめてあげればいいのです。

ほめてあげれば、その子にとって大きな自信になるでしょう。自分の資質をさらに伸ばそうとして努力を重ねることでしょう。

**相対的な評価で1番ではなくても、「目標タイムをクリアした」といった別の評価でほめていいけばいいのです。**

それで人生がポジティブになり、前向きに挑戦を続けられるのであれば、とても素晴らしいことだと思います。

とはいえ、**比較することすべてを否定するわけではありません。**ときには、プラスになる比較もあります。それは、**過去の自分との比較です。**

俯瞰《ふかん》的な視点に立って、

「3カ月前からどの部分が伸びたのかな」

「伸び悩んでいる部分はどこだろう」

「逆にダウンした要素はあるのかな」

といったポイントを冷静に見極めることができます。

他人と比べるのではなく、自分の成長をしっかりとほめられる。それが、「過去の自分との比較」が持つメリットです。

# 「改善」だけでは人間関係はよくならない

人間関係がどうもうまくいかないというとき、あなたなら何を考えますか。

「自分の言い方が悪かったのかな」

「もっと、気を使ってあげればよかった」

というふうに、自分自身のふるまいを反省するでしょうか。

あるいは、

「あいつの、あの態度が気に食わない」

「あんな言い方はないだろう」

と相手に対して腹を立てるでしょうか。もっと踏み込んで、相手に対して「あなたの今の言い方は間違っている」と指摘する人もいるでしょう。

このふたつ、**どちらも根っこは同じです。それは「欠点に目を向ける」考え方です。**

何か問題が起きたとき、「どこが悪かったのか」を考えてそれを修正することで乗り越えようとする。いわゆる「改善」の考え方は、ビジネスの現場などでは有効なケースもあるでしょう。

しかし、わたしは**このやり方だけでは、人間関係をいい方向に向かわせることは難しいと思っている**のです。**なぜなら「改善」では、まず欠点を先に見つけなくてはならない**からです。

相手の悪いところばかりが目に入り、ただでさえうまくいっていない相手に対して、ますます嫌な気持ちがつのってしまいます。

たとえ、自分の欠点を直すにしても、まず自分がマイナスであるというところから考えがスタートします。

ですから、相手に対して自信を持って話ができない、委縮するといった状況になります。負のスパイラルに陥ってしまう恐れがあるのです。これでは自分も他人も幸せにすることはできません。

もちろん、よくしようと努力する意味での「改善」は残しつつ、欠点ばかりに目を向けてしまう考え方を改め、今までと伝え方を変えていかなければ、ほめ言葉の効果が出ません。

わたしが考えるほめ言葉は、まず長所を見ます。人の性質を、プラスとして捉えるのです。

マイナスな面を見ないふりをするのではありません。**この人のよいところを真摯《しんし》に探し、丁寧にほめていくこと**が「魔法」につながるのです。

ほめる、ほめられることで心が満たされ、「もっとここを伸ばしたらいいんじゃないか」「ここは、こうやって引き上げていこう」という前向きな気持ちが自然に湧きあがってきます。

短所といわれていた部分も、長所に転化できるようになるでしょう。

もし、あなたが、どうしても相手の欠点が気になるのであれば、その欠点の裏側を考えてみるとよいでしょう。

長所と短所はコインの裏表のようなものです。活動的な性格は「とびっきり明るい」と捉えることができる一方、「落ちつきがない」ともいえます。ポジティブとネガティブ、どちらに光を当てるかです。しかし、欠点を探すという見方に立てば、ネガティブ面ばかりが目についてしまいがちです。

人と接する際は、そして自分をかえりみる際は**欠点チェックマンになるのではなく、ほめポイントチェックマンになる。**そんな心構えが大切なのです。

# 失敗談を赤裸々に話したほうが好かれる

**「ほめ言葉の魔法」を考えていくうえでは、「何を」ほめるかもすごく大切です。でも、それ以上に大切なのが「誰に」ほめられるかです。**

「あなたには言われたくない」

「そんな人にほめられても、まったくうれしくない！」

こう思われてしまっては、ほめ言葉の「魔法」はかかりません。では、どうすればいいのでしょうか。

まず、「弱みをさらけ出す」「自分の非を認める」ことから始めてください。

「俺もお前の年の頃は失敗ばっかりだったよ。たとえば……」

「最近、ちょっと言葉がキツかったかも。ごめんね」

まず、こう切り出してみてはいかがでしょうか。


わたしの知り合いには数百人のスタッフを束ねる社長がいますが、**彼は自分の失敗談を赤裸々に、スタッフの前で語ります**。そして、自分の責任でスタッフに迷惑がかかったと思ったら、全店を回って素直に頭を下げるそうです。

どうですか。こんな社長にほめられたら、うれしくないでしょうか。多少は厳しい指摘をされても、素直に受け止める気になるのではないでしょうか。

「そんなことを言ったりやったりするとナメられるよ」と思われるかもしれません。でも、そんな心配はまったくありません。その社長ほどスタッフに慕われ、信頼されている人はいませんから。


こうしたことは、職場に限った話ではありません。たとえば、自分の夫に改善してほしい点があったとしたら、上から目線で指摘するのではなく、自分にも至らない点があると認めたうえで「あなた、いつも遅くまで働いてくれてありがとう」と感謝の意を示してください。そうして心を開いてもらってから、

「ちょっとだけ気になることがあるんだけど、玄関の靴、そろえるようにしない？子どもたちがまねするようになると思うから」

このように伝えたら、悪かったところはきっと素直に認められるようになりますよ。

## 第三者からほめられると、うれしさ倍増

「いいところに気がついたね……やるな」

「それ、新しいじゃない」

「深いよ、その考え方」

「1日1ほめ」を推奨しているわたしは、**「ほめ言葉」のバリエーションを増やすこと**を日々考え続けています。

必勝パターンを持つのは鉄則のひとつです。剛速球を持っているピッチャーでも、スピードボール一辺倒ではバッターの目が慣れてしまい、いつか打たれてしまうでしょう。

あえてワンクッション置いてからほめたり、あえてミスに目をつぶってほめてみたり。ときには間を置かずに連続してほめたり。違った角度からほめることで、より相手に深く届くようになります。ほめも緩急が必要なのです。

「ほめ言葉」のバリエーションでおすすめなのが、第三者を通じてほめることです。

家庭や日常におけるシーンでは、1対1でほめるのがほとんどでしょう。でも、他の人を経由して、つまり第三者を通じた「ほめ」を考えるのも、一味違っておもしろいですよ。

たとえば、いきなり本人をほめるのはハードルが高いと思ったら、

「最近の裕太は違うね。宿題を前倒しでやろうとするなんて、姿勢が変わったよ」

といったことを家族の前でつぶやき、

「お父さん、こう言っていたわよ」

と伝えてもらうとか。本人から直接ほめられるのはもちろんですが、第三者を通して伝わるほめは、いっそう心に届くものなのです。

わたしが「ほめ言葉」を教えているある会社では、「成長できたこと」を社員みんなの前で発表してもらい、それをほめるという試みを行っています。

というのも、**みんなの前でほめると、その人がどんどん輝き出すからです。**

スタッフにしてみたら、「自分が考えたことがほめられた」に加えて、「みんなの前でほめられた」「そしてさらに、みんなからほめられた」というほめのよいループで、

モチベーションが上がります。ほめられた人の意識もグンと上がります。

「以前よりキラキラ、いきいきと仕事をしている！」という輝きを目の当たりにできる――。「ほめ言葉の魔法」を考えるわたしにとって、こんなにうれしく、感動できる場面はありません。

ですから、家族の前で、そして友人たちの前で、職場のみんなの前で、どんどんほめてあげてください。

そしてもうひとつ。ほめは言葉だけとは限りません。ゴミ出しをしてあげる、皿洗いをしてあげる、ケーキや花束を買ってくるなど、**感謝を行動で示す方法もあります。**

いろいろなほめのバリエーションを考え、自分自身の引き出しを広げていくこと。これも、コミュニケーションを楽にしてくれる魔法のひとつです。

## 「ほめポイント」がすぐに見つかる質問のしかた

わたしは、介護施設で80歳くらいのおじいちゃんやおばあちゃんに話を聞くことがよくあります。

そんなとき、相手の方のよいところは、どんなところだろうと思いながら質問をします。

**すらすら答えてもらうコツは、その人の生き方を知ろうとすること。**

まずは、「この施設はいかがですか」「何かお困りではありませんか」と、悩みに共感するところから入り、

「山本さんって学生時代はクラブ活動をされていたんですか」

「今までどんなお仕事をされていたのですか」

と過去を振り返ると、自慢話や苦労話がいくらでも出てきます。みんな、よろこんで、いろいろな話を聞かせてくれます。

なぜ、スムーズに答えてもらえるのでしょうか。

大事なのは、あなたのことをもっとよく知りたい、大切にしようとしているものを教えてほしいと思う気持ちです。もっと話を聞かせてほしい、という意思表示をするのです。

こうした気持ちを持ちながら、相手に質問を投げかけると、相手のいいところがいっぱい見つかります。

ここで、子ども向け、パートナー向けの質問の例文をご紹介しましょう。実はこれ、実際にわたしが自分の家族に向けた質問です。

（5歳の娘に）
いつもくつをそろえてくれてありがとう。
パパはとてもうれしいよ。
とてもきもちよくなるし、みんながよろこんでいるよ！　ありがとう。
いつからできるようになったの？
なぜ、こうやってくつをそろえようとおもったの？

（妻に）
いつも実家の両親に料理を届けてくれてありがとう。
その気遣いがとてもうれしいよ。
両親も、すごく感謝していたよ。
ほんとうにありがとう。

そんな気遣いができる女性に、娘たちも育ってほしいね。

お義父さん、お義母さんはどんな育て方をされたのかな？

今度お会いするとき、聞いてみてもいい？


いかがでしょうか。

わたしは、妻が自分の母親と同じくらい、わたしの母のことも大事にしていることに感動して、ほめたのです。

そして、その後、さらにいいところを聞きました。

これが、身近な人の「ほめポイント」を見つけることができる質問です。こうして相手に興味を持ち、その行動をほめながら質問をしていきます。こうすれば、家族、パートナーの素晴らしい部分がどんどん見つかります。

質問をするために相手に関心を持ち、話をじっくり聞いたりすることで、関係性が良好になっていくのは言うまでもありません。

# 心の距離を一瞬で縮める「思い出」の魔法

相手との心の距離を縮めるのにも「ほめる」ことは、とても役に立ちます。相手とうまくいかない場合、あるいはある程度親しくなれた相手ともっと親しくなりたい場合、どちらにも、ほめることは有効なのです。

ただし、**これからご紹介する魔法は、すでにお互いともに過ごした時間が長いケースに当てはまります。**夫婦、恋人、長年の友人などです。

付き合いが長ければ長いほど、いろんなことがありますし、ささいなきっかけですれ違いが起きることもありますよね。

素直になりたいのになれない、そんなとき、どうしたらいいのでしょうか。

**わたしがおすすめするのは、「思い出」をプレイバックする魔法です。**

つき合いが長ければ、ときにはケンカもあるでしょうが、いい記憶もたくさんあるはず。それを思い出してもらいます。

奥さんや夫との最初のデート、子どもとの最初の思い出……。それを語り合うだけでも効果は抜群です。

でも、もっと効果的な方法があります。それを次に紹介しましょう。

まずは、その思い出の場所に足を運んで、同じシチュエーションで携帯やスマートフォンの写真に撮って、相手に送るのです。

その画像を見て、あなたの胸にはどんな思いがよみがえるでしょうか。楽しかった、あの頃の記憶が浮かんできませんか。

「あの映画、ふたりで見に行ったね。帰りにあのイタリアンに寄ったっけ……」

「ちいちゃんがまだ2才のとき、公園のウサギの遊具、うまく乗れなくて泣いたよなぁ」

そんな**メッセージを添えるとさらに効果的**です。受け取った側も、すぐに記憶の連鎖が始まるはずです。

「あの頃に戻ろうよ。今は気持ちが冷え切っているかもしれないけど、楽しく笑いあえていた、あの頃に戻りたいよ……」

そんな気持ちが、思い出の場所の写真には込められます。これが、「思い出の魔法」です。

写真1枚ですぐに仲直りができる、関係が修復できるとは思いません。だけど、「関係性をよくしたい」というあなたの気持ちは静かに、そして確かに伝わります。

人間関係は思い出づくりです。

ともに過ごした日々の記憶を少しずつ重ねて、共通の思い出を紡いでいくことから、強固な関係性ができあがります。お互いがお互いのファンになるような、そんな素敵な未来も見えてくるでしょう。

**「あの頃のふたりに戻りたい」というメッセージが伝わったとき。それが、次の思い出づくりの第一歩になる**のです。

## ろくに返事もくれない人と仲よくなる方法

わたしの知人の田中さんは最近、結婚したばかり。お相手の方は再婚で、中学2年生になる娘、あおいさんがいます。つまり、いきなり中学生の女の子のパパになったのです。

このふたり、はた目には驚くほどの仲よし父娘です。でも、田中さんから話を聞くと、いきなり、こんなに仲よくなれたわけではなかったようです。

結婚相手の方との出会いは3年前。

意気投合し、やがて、結婚を前提におつき合いを始めました。田中さんは、わたしとの交流を通じてほめ言葉の力を知っていたので、パートナーとの間でも、お互いにほめ言葉を交わす良好な関係性を築けました。

**しかし、あおいさんが心を開くまでには、はじめは緊張していたこともあり、時間がかかりました。**

それはそうでしょう。いきなり知らない男の人がママの彼氏と言われても。ひょっとしたらパパになるかも、なんて言われても、すんなりと受け入れられません。

それに、前のお父さんとの関係性もあまりよくなかったようなのです。ますます、男性に対して心を閉ざしやすい状況ができていました。

**話しかけてもろくに返事をしてくれない、恥ずかしさもあり、たまに敬語で話してくれる程度。**しばらく、こんな関係が続きました。

それでも、真剣に彼女との将来を考えていた田中さんは、どうしてもあおいさんとの関係をよくしたいと考えていました。

そこで田中さんが**まず始めたのは、あおいさんが大切にしているものを知ること**でした。

あおいさんは、マンガやアニメが大好きでした。

田中さんはあまりマンガやアニメを見ておらず、しかも小学生の女の子が見るマンガやアニメは詳しくありません。それでも、**相手が大切に思うものを、自分も大切にしようと思ったのです。**

まずは、あおいさんが好きだというマンガを何冊も読み、アニメ作品を何本も見て、自分なりにどこがおもしろいのか理解しようとしました。

おかげで、信じられないくらいアニメやマンガに詳しくなったそうです。

**「あのアニメすごくおもしろいよね」**

いつの間にか、**そんな会話を切り口に、少しずつですが話ができるようになった**そうです。

心の距離が近づいてきて、ＬＩＮＥのやりとりをするようになると、スタンプが山のように送られてきます。田中さんははじめ、目を白黒させましたが、自分もスタンプをたくさん買いました。そして自分も山のように送り返しました。

やがて、あおいさんから「田中っち、ええやん」の一言が。

思いもかけず、自分の人柄を好きだと言ってもらえたのです。ようやく、心が通じ合えたことに思わず胸が熱くなりました。それに、敬語でしか話してくれなかった子から「あだ名」で呼ばれるなんて、うれしくて、ちょっとこそばゆいような気持ちになりました。

「田中っちは昔はどんな人だったの？」

「同じ高校に行きたいな」

「今度、勉強のやり方を教えてね」

という言葉までかけられるようになりました。

**大切にしたい人の、大切なものを知り、それを大切にする。ほめ言葉をかけるうえで、もっとも大切なことです。**

## LINEでもまごころが伝わる「手書きメッセージ」

時間がなくて、直接ほめ言葉を伝えるのが難しい場合、**携帯電話のショートメッセージ、スマートフォンのLINEアプリ、パソコンのメールを使う**方法もあります。

いつも顔をあわせている家族の間であっても、あらためて言葉をかけるのは照れてしまうものです。そんなときは、ほめ言葉をテキストや絵文字、スタンプにして送るのは大いに有効でしょう。

ただ、メールによるテキストのやり取りは、ときには無味乾燥で感情が伝わりにくいこともあります。これがネガティブ要素ではあります。

「了解」「今から帰る」といった、用件のみ伝える、単刀直入すぎるメッセージに、思わずムッとした経験は誰にでもあるはずです。


そんな**デジタルほめのデメリットを補う魔法が、「手書き要素のトッピング」です。**

これはわたし自身、妻や娘によく送っているとても簡単な方法です。ホテルのメモパッドや便せんにメッセージを手書きし、それをスマホでパチリと撮って、写メで送るだけです。

**手書きだからこそ伝わる感情があります。人柄はもちろん、そのときの気持ちの揺れ、あるいは気分の高まりなど、筆跡から伝わる言外のメッセージもまた、あるのです。**

これを見た家族は、同じように肉筆のメッセージ、手描きの絵を送ってくれるようになりました。旅先で何度なぐさめられ、勇気づけられたことでしょうか。
たとえば、わたしのふたりの娘からはこんなメッセージが届きます。

パパへ
きょうは、どこにいるの?
また、いっしょにかくでんぼしようね。
おしごとがんばてね。
すきだよ。
パパ、また、いっしょにおふろはいろうね。
きょうはともだちとあそんだよ。
ももかより

……………………………

パパへ
だいすき。
いつもありがとう。
おしごとがんばってね。
ちいちゃんもべんきょうがんばるよ。
小学校のプールではもうむずかしいことしているよ。
また、こうえんいこうね。すき。すき、だいすき♡
パパのおやすみまってます。
ちはなより

……………………………

それに対して、それぞれ返事を書いています。

ももかへ

おはよう、ももちゃん。
パパは、いまとうきょうにいますよ。きょうはプールかな？　たのしんできてね。
またはなしきかせてね！
ねーねとなかよくね。
げつようび、ももちゃんのようちえん、みにいきますね。
たくさん、かくでんぼしようね♡パパより

……………………

ちはなへ♡
おはよう、パパです。きょうはプールかな？
こないだは、いっしょにプールにいけてよかったよ。たのしかった！
パパはいま、とうきょうにいます。
あしたのよる、かえるから、げつようびのあさ、あえるね。
ちいちゃんはちいちゃんらしく、いろいろがんばってね♡

パパはおうえんしてますよ。パパより♡

絆を密にしていくことで、家族が個々に成長でき、心も豊かになります。気持ちをダイレクトに伝えられ、ほっこりとした気持ちになれる手書きメッセージの送信、ぜひ試していただきたい魔法のひとつです。

## 相手が大切にしているコトを少し大切にしてみる

相手ともっと仲良くなりたい、仲直りしたい。
そんなときに相手との関係をもうひと押しするステップがあります。
ここでは、**ある夫婦の「小さな計画」についてお話ししましょう。**

その夫婦は40代の夫婦でした。子どもは小学校5年生と2年生のふたり。妻は音楽大学出身で、ピアノを専攻していたので、子どもたちにも楽器を習わせました。

一方、夫は不器用で、楽器はからきし。妻からの「家族で演奏会をしたい」というリクエストに応えることができず、次第にそれがコンプレックスになって、やがてギャンブルに走るようになりました。

夫婦関係は、少しずつ悪くなっていきました。子どもたちとのコミュニケーションも、ギスギスしていきました。

しかしあるとき、「このままではいけない」と思った夫は、夫婦でできる〝ある計画〟を考えつきました。

それは、キャンプに行くこと。**楽器好きな奥さんが、実は自然も好きだったことを思い出し、一緒に楽しめると提案したのです。**

そこから、夫婦の新しい計画が始まりました。ふたりでキャンプ場を探したり、テントを選んだり。小さなキャンピングカーを借りて、家族で1泊2日の旅行に行く計画も立てました。

一緒に趣味を楽しめなかった夫婦が、やっと見つけた小さな計画は大成功で、家族の関係もよくなりました。

でも、この話はここで終わりません。夫から妻に、今度はこんな提案があったのです。

「もしかしたらウクレレなら、俺でもできるかも」

そして夫はウクレレを購入し、練習を始めました。最初はなかなか上達しませんでしたが、少しずつ練習を重ね、今では家族で演奏会ができるまでになったのです。

もしも夫が妻の趣味に寄り添わず、キャンプを思いつかなかったら。妻が、楽器にこだわるあまり夫の提案を受け入れなかったら。このエピソードは生まれなかったでしょう。

**相手の大切にしていることを、少し大切にしてみようとしたふたりの気持ちが、小さな計画を通じて、実を結んだのです。**

# 第4章

# ほめて自分が幸せになる生き方

# 人をほめたければ、まず「自分ほめ」から

パーティーの余興で見かける「シャンパンタワー」。みなさんも、ご覧になったことがあるでしょう。グラスをピラミッドのように積み上げ、一番上からシャンパンを注いでいく、あのパフォーマンスです。

頂上にあるグラスから、泡をはじかせながら、ゆっくりと下のグラスにあふれていく美麗なシャンパン。なおもボトルを傾けると、上から順々に満たされていき、ついには底辺のグラスにまでキラキラした泡が輝きます。

あるパーティーでこのシャンパンタワーの輝く泡に見とれながら、「**あ、ほめるっ**

## シャンパンタワーに注がれるシャンパンのように広がっていくほめ言葉の輪

頂上のグラスにシャンパンが注がれると徐々に下のグラスまで流れていきます。
このグラスと同じように、自分自身の心が満たされてはじめて、他人の心も満たすことができるのです。

**てこういうことじゃないか**」と、わたしはひらめきました。

自分の中からあふれ出るプラスの感情を「ほめ言葉」に乗せていく。それが「ほめ言葉の魔法」です。だけど、その自分のプラスの感情が枯渇《こかつ》していたら、どうでしょうか。果たして、他の人を満たしてあげられるでしょうか。

人間関係におけるプラスの感情は、シャンパンタワーと同じです。一番上にあるのが自分です。

まずは、自分というグラスにキラキラしたプラスの感情を注いであげなければ、他の人を満たしてあげられないのです。

では、**どうすれば自分の中をプラスの感情で満たしていけるのでしょうか。**

そこで重要なのが「自分を知る」ということです。まず、今まで「自分がよくがんばってきた、よくがんばっている」と思うことを書き出してください。

今、抱えている仕事のことでもいいですし、子育て中の主婦ならがんばっていることとは山のようにあるでしょう。

すぐに思いつかないのであれば、学生時代に、クラブ活動を3年間やり遂げたとか、日が暮れるまで趣味に没頭したとかでもいい。まずは、思いつくまま全部、書き出してみましょう。

それを見て、どんな気持ちになるでしょうか。

「何だ、俺も結構やるじゃないか」

「大事にしてきたものを思い出すと、何か不思議に自分が愛おしくなる」

ほら、自分をほめるまで、自分が満たされるまでは、あと一歩です。

**あなたが人をほめるには、まず自分をほめて、あなた自身を満たしてあげてください。自分を知って、あなた自身を抱きしめてあげてください。**

「ほめ言葉の魔法」を最初にかけるのは、あなた自身なのですから――。

# 就寝前の「ほめチャージ」で自信を取り戻す

それではここで、自分で自分を満たす、とっておきの方法をあなたにお教えしましょう。

それは**「自分へのほめ言葉の充電」**です。

寝る前に、ふとんであおむけになり、両手を上に上げます。そう、大阪の心斎橋で有名なあの「グリコポーズ」のようなイメージです。胸を張り、呼吸を意識して深くして、縮こまっていた背中、胸を思いっきり開放します。

そして、**朝からの行動をひとつひとつ振り返り、思い出します。**

「がんばったこと」は何だろうか。「傷ついたこと」は何か。そして「乗り越えられたこと」はあるか。

この3つのテーマで一日のできごとを振り返り、自分の中で整理します。ようがんばったな、傷ついただろう、乗り越えられたじゃないか、と。


**わたしはこの振り返りを通して、自分の心に刺さった矢を抜き、薬を塗って自身を癒やすイメージを持っていました。**


胸を開放することで新鮮なエネルギーを注入します。そして、朝、起きたときにはエネルギー満タンになっているとイメージして、静かに眠りに落ちていくのです。

このようなポーズを経てから睡眠に入るようにすると、朝の目覚めが変わりました。心は爽快だし、頭もくっきりします。肉体的に疲れていても、やるぞ、という気持ちが心の底から湧いてきます。

寝る前に自分自身をほめて、朝には自分の気持ちを前向きにするのです。その日の自分を癒やして、明日の自分を信じる。どんなつらいときでも、この「自分ほめチャージ」のおかげで、今までがんばってこられたのだと思います。

欧米のビジネスパーソンは「マインドフルネス」「メディテーション」といったメソッド、ワークで自己を整理し、精神統一を図っているそうです。

呼吸を意識し、自己のカラダと対話していくという意味では瞑想、ヨガ、とまったく同じものなのではないかと、わたしは思っています。

ぜひ今日の夜から寝る前に、両手を上げ、胸を開いて寝てみてください。その日の自分をほめてあげると、明日の自分もきっと喜んでくれるはずです。

# 「自分ほめ」で生死の境をくぐり抜けて復活

ここで、病気で入院中に自分をほめることの大切さに気づき、見事に復活した友人の山本さんの話をしましょう。

彼は、**ある日、突然、心臓の病気で倒れました。**病院に運ばれて、しばらくの間は生死の境をさまよい意識のない状態が続きました。目覚めたのは入院してから20日後のことだったそうです。

山本さんは、かつて自衛隊にいた経験があり、体力には自信がありました。そのため、なぜ、自分がこんな病気になるのか、理解できずにいたのです。

しかし、生死の境をさまよったことで「命の大切さ」について考えるようになりました。入院中のベッドの上で、自分が病気になった理由を、日々考えたのです。

山本さんは自営業で、日々、経営を成り立たせるために奔走していました。経営が悪化することへの危機感、焦り、自己責任、そしてお金を稼ぐことへの執着に囚《とら》われていました。

自分で自分にプレッシャーを与え、心をボロボロにして、体を酷使していたことに気づいたのです。

**病気の背景には、自分で自分の心と体をいじめていた暮らしがあったと、山本さんは思うようになりました。**

そのときに、以前、私が教えた「ほめ言葉」について、山本さんは思い出したそうです。

「ほめ言葉」はまずは、自分に向けられるもの。自分の心が満たされて、はじめて、人をほめることができるという話を、以前、わたしがしたことがあったからです。そのことを、山本さんは思い出したのです。

そこで山本さんは、これからは自分を大切にして生きていこうと思ったそうです。

そして、まずは**自分をほめることから始めることにしました**。毎日、ほんとうにささいなことでも自分をほめたのです。

ご飯をふつうに食べられたこと。

便がでたこと。

掃除をしてくれる方に「おはようございます」と言えたこと。

病院で同室のおじいちゃんに牛乳を買ってきてあげたこと――。

そんな当たり前のことでも、「よくやった」と自分をほめました。やがてボロボロだった心が、少しずつ潤っていくのが自分でもわかりました。

すると、驚いたことに、**病気もだんだんと快方に向かったのです**。もちろん、病気がよくなったのは、医者の力が第一であることは言うまでもありません。

しかし、自分をほめることで自分自身が満たされ、心身の調子がよくなってきたことも背景にあるのではないか。山本さんはそう考えています。

退院した山本さんは、今度は自分の周囲の人をほめるように心がけているそうです。きっとこれから、彼の幸せのスパイラルが始まるのでしょう。

## 脳は「他人への悪口」を「自分への悪口」と認識する

みなさんは「**脳には人称が関係ない**」ということをご存じでしょうか。脳は「わたし・僕（第一人称）」「君・あなた（第二人称）」「彼・彼女（第三人称）」を認識しないということです。脳にとって主語はまったく関係がないのだそうです。

「お前は何てできないやつなんだ！」

「そんなことをしている限り、君は絶対に成功しません」
だから、こんな**ネガティブな言葉を発したら、脳は「自分は何てできないやつだ」「自分は絶対に成功しない」と思い込んでしまいます**。自分にネガティブな刷り込みをしてしまうのです。

これが、いわゆる「言葉の力」というものかもしれません。

そこで問題になるのが、先ほどもご説明した「改善」です。
「善いほうに改める」という言葉の意味の通り、どうしても「悪い点」「短所」がクローズアップしてしまいます。

人の悪いところばかりを見ていたら、脳はその悪い箇所を自分のものだと認識してしまいます。これって、結構怖いことだと思いませんか。

だけど、ここでポジティブに考えてみてください。**改善の指摘も言葉の選び方次第、考え方次第でプラスに振ることはできます。**

たとえば、「そこがあなたのよくないところ」ではなく、「そこをこう変えたら、うまくいくかも」と言ってください。

「その考え方が絶対にダメ」は「上手に進めるにはどう考えたらいいかな」と、子どもに「歯磨きしないと虫歯で痛い痛いになっちゃうよ」と言っていたのなら、「歯磨きをちゃんとしておくと、お医者さんに行かなくてもいいんだよ」と言ってみましょう。

相手や自分をプラスに振るためには、どんな言葉をチョイスしたらいいのでしょうか。そんな意識を持つだけで、プラスのキーワード、フレーズはいくらでも思いつくはずです。

たかが言葉、されど言葉。あなたが発する言葉を、もっとも多く耳にするのは、なりよりも自分自身なのです。

# 愛情を持って「叱る」のなら「ほめ」と同じ

「ほめる」の反対は、「叱る」ではなく「比較」。わたしはこうお話をしてきました。でも、先ほどもお話ししたように、**「ほめ言葉の魔法」には、ときには「叱る」ことも含まれます**。実は、どちらも根底に愛情があるのです。

ただし、感情に任せて、相手を責めることではありません。相手のことを想い、それではいけないと思うから「叱る」のです。感情がコントロールできていて、適切なタイミングで感情を押さえた言葉づかいで行われ、内容は納得のいくもので、その後のフォローもあって初めて、メッセージが相手に届きます。

普段からよく自分のことを見てくれる。自分のよいところに気づいて、ほめてくれる。なによりも自分に関心を持ってくれている――。

そういう安心感があって、そういう人からの一言だから、「次は同じことをしないようにがんばらなきゃ」と素直に思えるのです。

子どもは、叱られることによって善悪が判断できるようになり、大人になるために必要な常識を学びます。会社の新入社員も、注意されることで、いろいろな学びや気づきをして、社会や組織のルールを学びます。

それだけではありません。大切なことを教えてもらっているという信頼感も生まれます。しっかりと信頼関係を前提にした「叱り」が、普段の「ほめ言葉」にとってほんとうに大切なことなのです。

でも、**現在は「叱る」ことがとても難しい時代になっています**。親からも叱られたことがないという若者が増えています。学校でも、ちょっと注意しただけで大問題になることがあります。企業の現場でも「きつく叱ると今の子はすぐに辞めてしまう」

という話を聞きます。

決して人格否定や罵倒《ばとう》をしたわけでなくても、注意をしただけでパワハラと言われかねないご時世なのです。

だから、腫れ物に触るかのような扱いで生徒やスタッフに接し、叱ることなどほとんどないという先生や上司が増えているのでしょう。

しかし、わたしは「叱る」ことも悪いことではないと思っています。もちろん、理由もなく叱るのはダメです。克服してほしいから、さらに伸びてほしいから、という気持ちで、ポイントを絞って叱りましょう。

親であれば、子どもに「ダメなものはダメ」と、伝えることが大事です。スタッフの成長を願う上司なら、「嫌われてもいいが、これだけは言わなければ」と決心して叱ってください。

わたしの経験上、**「ほめる」と「叱る」は、5対1くらいがちょうどよい**と思います。

ほめることを基本に置きつつも、愛情を持って言うべきことはビシッと言うことが、バランスのとれた人間関係のためには重要なのでしょう。

## ほめ言葉は感情的な自分をコントロールしてくれる

「ほめ言葉」は、ときには自分に魔法をかけ、怒りを消し去ってしまうということもあります。

ここで、わたしのエピソードをお話ししましょう。あるセミナーでのことです。その最中に、**スタッフが、こんな失態をしたのです。**

セミナーの講師というのは、常に緊張でいっぱいです。当時、講師としてかけ出しだったわたしは、プレゼン用のパソコンを操作しつつ、時間配分などで頭がいっぱい。しかも、受講している人の反応にも気を配って、それに応じた話の内容を考えなければなりません。

そんな状況のなかで、そのスタッフが「原さん、コレどうしたらいいですか」と、以前、わたしが貸しておいたスマートフォンのケーブルを返しに来ました。

スタッフにしてみれば、忘れないうちに返しておこう、くらいの気持ちだったのでしょう。

「頭の中が講演のことでいっぱい、いっぱいなのに、スマホのケーブル？　今、聞かなきゃいけないことか？」

よっぽどその場で叱ろうと思いました。でも、ちょっと我慢してみることにしました。

大事なセミナーの最中ということもありますが、いつもとは違うパターンで接してみようと思ったのです。

セミナーが無事に終わってもイライラは収まりません。今すぐ呼び出して説教をしようかとも思いましたが……。

ちょっと待てよ、と。

依頼主の玄関先で怒ってもみっともない。駅まで歩いてみたら怒りが収まるかもしれないぞ、と思ったのです。

だけど、やはり駅についても怒りは収まりません。しかし同時に、何か無性におもしろくなってきて、頭の中で自問自答を始めました。せっかくここまで怒りを我慢したのだから、いっそどこまで我慢できるか試してやろうじゃないか。

こうして**ゲーム感覚で考えていったところ、自分で思っていた以上に我慢できることに驚きました。**

「3日間耐えるなんて、今までなかった、すごいぞ、俺」

「とうとう、1週間たった。これはどこまでいくんだろう。記録達成だな」

ここでも、がんばった自分をほめることは忘れません。我慢できることに満足感も覚えて、気がつくと何と1カ月が過ぎました。

**ここまで時間を置きましたが、やっぱり彼の行いはよいものだったとは思えません。**やはり彼を呼び、叱ることにしました。

「今から君を叱ります。1カ月前の○○社のセミナー、覚えてるか。あのときの……」

冷静なわたしの言葉に、彼はびっくりしつつも神妙に聞き入ってくれました。

「すみませんでした。それは100%、僕が悪かったです」

「素直だね。君もあのとき、いっぱいいっぱいだったんだろう。これからも一緒によろしく」と握手したのです。

**その場で感情に任せて叱っていたら、彼も思わず反発してしまっただけだったかもしれません。**聞く耳を持っていないときにいくら叱っても無駄です。逆効果になることすらあるでしょう。

ときには、ゲーム感覚で自分の怒りを観察しつつ、冷静に伝わるときを見計らうのも、意外な発見があっていいかもしれませんね。

## 「人の嫌いなところ」はせいぜい3つしかない

まず、1枚の紙とペンを用意してください。そして、自分が嫌いな人の嫌なところを書き連ねてみてください。

「態度が偉そう」

「無愛想」

「常にケンカ腰」

なるほど、なるほど。それだけですか。まだ紙には余裕があります。どんどん、思いっきり書いてください。

「上から目線」

「いつも不機嫌な感じ」

「……」

あれ、ペンが止まっていませんか。それに、さっきとだいぶ表現が同じになっているような……。

そうなんです。嫌いなポイントを挙げようと思ってみても、案外、数えるほどしかないのです。

わたしが「ほめ言葉」を教えてきた経験上、**人を嫌いなポイントというのは、だいたい3点ぐらいに絞られてしまいます。**それをよくよく見てみると、だいたい似通ったものなのです。

それも、割り切って考えたら右から左に受け流せるような、小さな欠点がほとんどです。

人を嫌うポイントがこんな程度ということがわかったと思います。では、あなたが書き込んだ、この紙をどうしましょうか。今後、この嫌いな内容をそのまま、あなたの心の中に取っておきますか。

**これはわたしからの提案ですが、たとえば紙をビリビリに破って、囚われそのものを捨ててみませんか。**

それで、相手の嫌いなポイントがなくなるわけではありません。でも、あなたの心が相手の嫌な面にばかり囚われているのだとしたら、それはお互いに不幸なこと。

その負の連鎖を断ち切るという決意を表す意味でも、心の中の囚われをそのまま、ビリビリに破ってゴミ箱に捨てましょう。

その人との関係をよくしたいのであれば、今後はその人のいいところを見て、ほめるようにするほうがいいでしょう。とくに、今までに何らかのいきさつがあって、その人の悪いところばかりを見ていたのだとしたら、**過去の悪い記憶をお掃除してほしいのです。**

囚われを意味する漢字「囚」は、狭い箱の中に人が入っている状態を表しています。これは、あなたの悩み、思い込みそのものです。

ぜひとも、手元の紙をビリビリに破って捨ててください。そして、囚われのない世界を、一緒に歩んでみましょう。

## ほめることは「赦《ゆる》す」こと

ほめることは赦すこと——。

「ほめ言葉の魔法」を考えるとき、100年以上続くクリスチャンの家系に生まれたわたしは、いつもこの一節を思い浮かべます。

わたしが「ほめ」を考え、学び始める前のことです。カトリックの教義に興味を持ったわたしは、いろいろな人に「カトリックの中心にあることって何でしょうか」とたずねたことがあります。

そのとき聞いたなかで、もっとも心に残っていることが、「人を赦してあげることです」という答えでした。

「赦す」は、罪などをなくすという意味です。勘弁してあげる、認めてあげるという意味の「許す」とは違って、宗教的な重みを持つ言葉です。

聖書にも、こんな一節があります。


「互いに忍び合い、責めるべきことがあっても、赦し合いなさい。主があなたがたを赦してくださったように、あなたがたも同じようにしなさい」（「コロサイの信徒への手紙」3―13）

責めることがあっても赦してあげなさい。つまり、どんな宗教でも、人を赦してあげることは難しいものだという前提があるのです。

わたしは、**みなさんに、まず自分を赦してほしい、と伝えたい。いろいろなことで思い悩み、自分を責めている方に、もう自分を責めないで、解放してあげて、と言いたいのです。**

自分を包みこんで、愛して、そして赦してあげてください。自分の心の手当てをしてください。がんばっていない人など、ひとりもいないのですから。

それができるようになったら、他人にも優しくできるようになります。相手に嫉妬を覚えたり、依存したくなる気持ちもなくせます。

人の過ちや欠点に囚われない心を持ち、相手を「赦す」ことも、そう難しいことではない、そうわたしは信じるのです。

# 「ほめ言葉」で未来は変えられる

ここで、わたしと同じクリスチャンの先覚者で、石井十次《じゅうじ》さんという方のお話をしたいと思います。明治から大正時代にかけて活躍され、日本で最初に本格的な孤児院を開き「児童福祉の父」とよばれ、わたしがとても尊敬している方です。

**実はその方も、ほめられて育った1人でした。**

石井さんが子どもの頃、住んでいる村の神社で秋祭りがありました。おめでたい日ですから、村の人はみな着飾って祭りに向かいます。石井少年も、母・乃婦子《のぶこ》さんの手織りのつむぎ帯を、真新しい浴衣の上から締めて祭りに出かけました。

やがて、神社に着いてみると、境内で友だちの松ちゃんが、数人の子どもに囲まれて、いじめられているではありませんか。

見てみると、松ちゃんが締めている「縄の帯」が原因でした。

みながきれいな着物で装っているなかで、松ちゃんの家は貧しく縄で編んだ帯しかなかったのです。

「くさい、きたない」。松ちゃんがそんな言葉を浴びせられているなかに石井少年は勇気をもって割って入りました。

そして、その場で、自分の帯と松ちゃんの帯を取り換えたのです。いじめっ子たちは、その行動に息をのみ、それ以上は何もいいませんでした。

石井少年は、自分のやったことは正しいと思っていたものの、ひとつ心配がありました。取り換えたその帯は、乃婦子さんが秋祭りのために、わざわざ手織りで新調してくれたもの。もし家に帰って、その帯がないとしたら、両親は何というだろう。

帰宅して、おそるおそる縄の帯のことを話した**石井少年に乃婦子さんがかけたのは「ほめ言葉」でした。**

「それは、よいことをしたね。帯は心配しなくていいよ。すぐにまた作ってあげます」

乃婦子さんは温和で愛情あふれる人で、普段から近所に親のない子がいれば我が子のように優しく接し、貧しい家庭には常に救いの手を差し伸べていたのだそうです。自分の日頃の行いを、我が子がまねてくれたことがうれしかったのです。

このように、ほめ言葉をかけられ、お母さんの背中を見ながら育った石井さんは、貧しい人、困っている人を助けることに喜びと生きがいを感じるようになったのではないでしょうか。

やがて成長した石井さんは、1887年（明治20年）に日本で最初の本格的な孤児院とよばれる「岡山孤児院」を設立。一時は、1200名を超える孤児を育て、生涯をその救済に捧げました。

わたしは、**お母さんからかけられたほめ言葉こそが、石井さんが後に「児童福祉の父」と呼ばれる原点**だとおもうのです。

石井さんは、貧しい子どもたちを救うという形で未来を変えていきました。わたしはもっと「ほめ言葉」が飛び交う社会を作ることで未来を明るくしていきたいのです。

## 1日何回「ほめ言葉」を言ったかであなたの幸せ度がわかる

あなたは、1日に何回、「ほめ言葉」を発していますか。相手だけではなく、自分をほめることを数えても構いません。

あなたは何回でしたか。10回以上という人もいるでしょう。もしかしたら1回もない人もいるのでは。人によって違うでしょうが、これだけははっきり言えます。

わたしの経験上、ほめ言葉が多ければ多いほど、人は幸せになれます。

さあ、**まずはわたしが推奨している「1日1ほめ」からで結構です。**ほめる習慣を作りましょう。それができてから、だんだんとほめる回数を増やしていけばいいでしょう。

やがてあなたは、最低1日5回くらい、言えるようになるはずです。そのとき、あなたの幸福度は100に限りなく近づいていく、とわたしは信じています。

1日に1回も人をほめたことがない、という人にとって、1日5回はハードルが高いと感じるかもしれません。

でも、**1日5回は、実はそんなに難しくはありません。**

お店で買い物をしたときに、対応してくれた店員さんに一言「ありがとう」と言う。ほら、これで「1ほめ」できました。

バスに乗ったら運転手さんにお礼を言ってもいいでしょう。日常のなかで、ほめ言葉を使うシーンはいくらでもあるのです。

この本でご紹介した「ほめ言葉」のメソッドを使えば、家族や同僚といった、いつもそばにいる人たちを、1日に何回もほめることだってできます。

そして、ほめた相手が幸せになれば、相手はこちらに好意を持ちます。やがて、幸せのお返しが来て、お互いに幸せを与え合う循環ができて――。

それがループのように永久に循環していくのです。あなたの周囲にいる多くの人とそうした関係性を築ければ、あなたのまわりには幸せオーラが常に満ちあふれた状態になります。

そのオーラは人を引き寄せます。**ほめ上手な人のまわりには、常に人が集まります。**そして、あなたのまわりは、いつもよい人間関係でいっぱいになるでしょう。

いかがでしょうか。

**たった一言のほめ言葉をきっかけに、人生が輝き出す**ことをおわかりいただけたでしょうか。

## マイナスな言葉に左右されない生き方

今、マスコミを中心に人のあら探しをする記事や、ニュースが多いように思います。伝えられていることは、確かに事実かもしれませんが、そのあら探しによって**マイナスな言葉が世の中にあふれて、わたしたちの心もそのマイナスな情報に左右されています。**

そのために、どんな悪影響があると思いますか。

心の病気になる人や、夢を持てない子どもたち、そして夫婦関係、親子関係など人間関係に悩む人たちが増えています。

多くの人が、マスコミの情報を正しいと思い、必要以上にマイナスな言葉を浴びているのです。


しかも、人はいったん正しいと思い込んだことを、間違っていると自分で修正するのが難しいものです。いつも読んでいる新聞、ニュースでは相変わらずマイナスなニュースが流されますし、親や上司といった周囲の環境も、生きていくうえでは必要で、そう簡単に変えるわけにはいきません。

しかし、**焦点を変えることにより自分で環境をよくしていくことはできます。**

それは、「ほめるところを探す」という考えです。これまで読んでいただいておわかりかと思いますが、自分自身やまわりの人をほめる習慣が身につけば、どんな情報が入ってきても、自分で自分の心を律することができるのです。

そのためにも、**「自分によい質問をしてあげること」「まわりのよいところを探そうとすること」を実践してみてはいかがでしょう。**こうしたちょっとしたことで、自分の人生は変わっていくのです。

そして、夢をかなえるためには、自分の長所を見つけること、そして行動することです。自分自身を肯定し続ければ夢はかならず実現できると信じています。

先ほどご説明したとおり、脳科学で、ほめると記憶力が上がる結果も証明されています。あきらめない心の強さや、行動する習慣を身につけるためには、「ほめ言葉」は効果的です。

みんながほめ言葉を口にするようになれば、心の病気になる人や、夢が持てない子どもたち、夫婦関係、親子関係など人間関係に悩む人たちが減り、企業の業績も上がり（実際に150社以上）、夢が実現できて、みんなが輝きだします。

そもそも人はお互いのよいところを探し合い、尊敬し合い、当たり前のことに感謝しながら、ほめ言葉が行き交うような人間関係のほうがよいに決まっていますよね。

**「人はほめられるために生まれてきた」**

わたしは、この考えを広く世の中に広めていきたいと思っています。

※

ありがたいことに、今、日本だけでなく、世界のいろいろなところで、講演をさせてもらう機会があります。

「原さん、海外での〝ほめ言葉　講演〟の反響はどうですか？」とよく聞かれるのですが、

「どの国も、一緒ですよ。みんな、とてもよい笑顔で〝うんうん〟と、うなずきなが

ら聞いてくれますよ」と、わたしはいつも同じことを答えます。

ほめ言葉は、誰もが笑顔になるのです。そして、乱れた世界をひとつにしてくれる力があると信じています。

わたしは、子どもの教育にチャリティ（寄付）をするために「一般財団法人　ほめ育財団」を設立しました。ほめて育てる教育を日本から世界中に広げるためです。世界196カ国の人たちを輝かせることをミッションに、精一杯行動すると決めています。

この本を読んだあなたが、ほめ言葉をどんどん発して、まわりを輝かせてほしい。キラキラ輝く人生を歩んでほしい。

神様からのメッセージをまっとうする人生を、生きてほしい。

ほめ言葉いっぱいの幸せスパイラルに入ることを、心からお祈りして、ペンを置きたいと思います。

最後に、この本を作るためにご尽力をいただいた、アスコム編集長の小林英史さん、担当編集の池田剛さんをはじめ、大切なほめ育の仲間、愛する家族に心から感謝します。

## 原 邦 雄　はら・くにお

ほめ育【Ho-Me-I-Ku】を世界共通語に!
世界中の人たちを輝かせる!をミッションに掲げ、子どもの教育にチャリティーをすることを目的に、「一般財団法人 ほめ育財団」を設立。ほめて人を育てる「ほめ育」を196カ国に広げるために、日本だけではなく、アメリカ、中国、インド、カンボジアなどに活動を展開し、のべ50万人にほめることのすばらしさを伝えている。ハーバード大学やザ・リッツ・カールトンホテルでのセミナーをはじめ、年間200回以上の講演を行う。テレビ朝日「報道ステーション」やNHKにも登場。

「ほめ育財団」へのお問い合わせはこちらから。
http://ho-make.com/

# たった一言で人生が変わる ほめ言葉の魔法

発行日　2016年12月21日　第1刷
発行日　2021年 7 月 5 日　第9刷

著者　原邦雄

本書プロジェクトチーム
編集統括　柿内尚文
編集担当　小林英史、池田剛
デザイン　小口翔平、上坊菜々子、喜來詩織（tobufune）
制作協力　木藤恭子
編集協力　佐々木正孝
イラスト　PIXTA（ピクスタ）
校正　澤近朋子
営業統括　丸山敏生
営業推進　増尾友裕、綱脇愛、大原桂子、桐山敦子、矢部愛、寺内未来子
販売促進　池田孝一郎、石井耕平、熊切絵理、菊山清佳、吉村寿美子、矢橋寛子、遠藤真知子、森田真紀、大村かおり、高垣知子、氏家和佳子
プロモーション　山田美恵、藤野茉友、林屋成一郎
講演・マネジメント事業　斎藤和佳、志水公美

編集　舘瑞恵、栗田亘、村上芳子、大住兼正、菊池貴広
メディア開発　中山景、中村悟志、長野太介、多湖元毅
管理部　八木宏之、早坂裕子、生越こずえ、名児耶美咲、金井昭彦
マネジメント　坂下毅
発行人　高橋克佳

発行所　株式会社アスコム

〒105-0003
東京都港区西新橋2-23-1　3東洋海事ビル
編集部　TEL：03-5425-6627
営業部　TEL：03-5425-6626　FAX：03-5425-6770

印刷・製本　株式会社光邦


Printed in Japan ISBN 978-4-7762-0929-4